Tierspuren im Watt S. 52

Am Spülsaum und im Angespül S. 57

 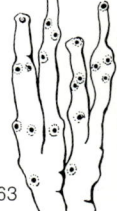

Schwämme S. 63

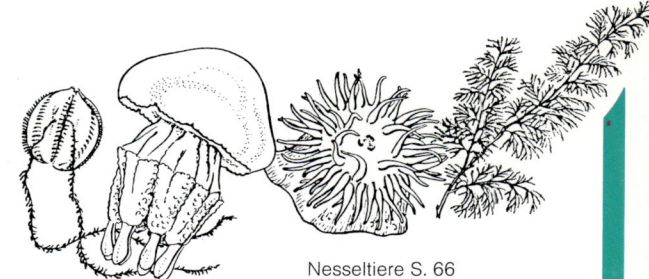

Nesseltiere S. 66

Ringelwürmer, Borstenwürmer S. 72

Kosmos Naturführer

Franckh-Kosmos

Heinz Streble

Was find ich am Strande?

Pflanzen und
Tiere der
Strände, Deiche, Küstengewässer

204 Farbfotos von J. Diedrich (S. 16 r, 17 r, 18 r, 21 l, 68 r, 115 l, 116 l, 117 l, 120 r), G. Ewald (S. 15 l, 16 l, 22 r, 23 r, 26, 38 r, 45, 46, 47 r, 53 l, 64 l, 65, 102 r), K. Janke (S. 19 r, 25, 27 r, 31 r, 44 r, 48, 50, 52 r, 54, 55 l, 56, 58, 59 r, 63 l, 64 r, 66, 68 l, 69 r, 70 l, 71–77 l, 78 l + M, 79–81 l, 81 r, 82 r, 83 l, 84 r, 99–102 l, 103, 104, 105 r, 106 r, 107, 123), R. König (S. 14 r, 21 r, 22 l, 23 l, 24 r, 30 l, 31 l, 36 r, 40 l, 42, 43, 44 l, 57 r, 62 r, 69 l, 70 r, 82 l, 108, 122 l), R. Kock (S. 4/5, 55 r), B. P. Kremer (S. 2/3, 17 l, 18 l, 20 r, 27 l, 29, 30 r, 33, 34 r, 37 l, 38 l, 40 r, 41, 47 l, 49 r, 57 l, 61, 62 l, 98 l), E. Pott (S. 111 r), G. Quedens (S. 14 l, 15 r, 20 l, 24 l, 28, 34 l, 35, 36 l, 37 r, 39 l, 59 l, 67, 77 r, 81 M, 83 r, 84 l, 85, 110 l, 112 r, 121 r, 122 r), F. Sauer (S. 49 l, 78 r), F. Siedel (S. 32), H. Streble (S. 39 r, 51, 52 l, 53 r, 60, 63 r, 87–97 s, 98 r, 105 l, 106 l), K. Wernicke (S. 19 l, 109, 110 r, 111 l, 112 l, 113, 114, 115 r, 116 r, 117 r–120 l, 121 l sowie 29 SW-Zeichnungen von H. Poeschel und 4 Profilzeichnungen vom Verfasser. Vorsatzzeichnungen von Marianne Golte-Bechtle.
Die Vogelbeschreibungen verfaßte Jochen Hildenbrand.

Umschlag von Kaselow-Design, München, unter Verwendung einer Aufnahme von Rudolf König. Das Bild zeigt den Seestern Asterias rubens.

CIP-Kurztitelaufnahme der Deutschen Bibliothek

Streble, Heinz:
Was find' ich am Strande ? : Pflanzen und Tiere der Strände, Deiche, Küstengewässer / Heinz Streble. – 5., völlig neu bearb. (u. ill.) Aufl. – Stuttgart : Franckh, 1990
   (Kosmos-Naturführer)
   ISBN 3–440–06036–5

5., völlig neu bearbeitete und illustrierte Auflage
© 1990, Franckh-Kosmos Verlags GmbH & Co., Stuttgart
Alle Rechte vorbehalten
ISBN 3-440-06036-5
Lektorat: Rainer Gerstle
Herstellung: Heiderose Stetter
Printed in Germany/Imprimé en Allemagne
Satz: G. Müller, Heilbronn
Reproduktion: Gerold Schmid, Stuttgart
Druck und buchbinderische Verarbeitung: Sellier Druck, Freising

Was find ich am Strande?

Vorwort

Farbig abgebildet und beschrieben sind im Strandführer Pflanzen und Tiere, die man an den Nordsee- und Ostseeküsten u.a. sehen und beobachten kann; zum Teil nicht das ganze Jahr hindurch, das hängt mit den Blütezeiten und Lebensweisen der einzelnen Formen zusammen.

Wo Meer und Land zusammenkommen, schaffen Salzgehalte im Wasser, Salz im Wind und in den Niederschlägen, Ebbe und Flut, Ablagerungen und Umschichtungen von Schlick und Sanden, Stürme und Flugsande sehr unruhige und harte Lebensbedingungen; die Formen der Salzwiesen und Küstengewässer sind diesen schwankenden Widerwärtigkeiten angepaßt und für diese Lebensräume typisch.

Dadurch sind die meisten „Strandformen" keine auch oder überall im Binnenland wachsenden Pflanzen, und nicht alle Tiere des Wattenmeers leben auch scheinbar unerschöpflich in tieferen Wassergründen. Die Küsten- und Strandsäume sind auf vielen Strecken noch ursprüngliche Lebensräume.

Man benimmt sich behutsam in ihnen, auch wenn sie nicht unter Naturschutz stehen und/oder Nationalparke sind (Schleswig-Holsteinisches Wattenmeer, Niedersächsisches Wattenmeer, Hamburger Wattenmeer). Sträuße zusammenpflücken, Köder zum Sportangeln zuhauf auswählen, Brutvögel in Panik versetzen, Watten breitflächig durchwandern, Dünen wild besteigen, Seehunde verscheuchen – einst weitverbreitete Unsitten, sind heute nicht mehr erlaubt.

In „Was find ich am Strande?" sind die Formen in folgender Reihenfolge aufgeführt: Blütenpflanzen, Algen, Schwämme, Nesseltiere, Würmer, Krebse, Schnecken, Muscheln, Moostiere, Stachelhäuter, auffällige Formen, Vögel, Seehunde. Wattspuren und „am Spülsaum" stehen zwischen Pflanzen und Tieren.

Wo was zu finden und zu sehen ist, steht bei jeder Form jeweils im letzten Satz der Beschreibungen, nach „–".

A in den Texten heißt: nahe verwandte Art, **B**: Besonderheiten.

Auf den Seiten 9–11 (Deiche, Salzwiesen; Wattenmeer; Dünen; Felswatt) sind Lebensräume und die dort häufigsten Besiedler und Bewohner gerafft zusammengestellt.

Zu „– Im Kutterbeifang": An Bord der Fischkutter und Fischfangschiffe wird aus den Fängen Handelsware aussortiert, der Beifang (Gammel) geht zurück ins Meer – und in Möwenmägen. Kutterbeifang sehen und beobachten zu können ist vor Ort Verhandlungssache. Selbst mit hinauszufahren wird von den Kapitänen zu Recht meist abgelehnt; ihre klaren Argumente sind Wetter, Verletzungsgefahren, Versicherungsschwierigkeiten, Platz- und auch Spucktütenmangel. Die andere Möglichkeit: Man bittet gegen Bargeld/Naturalien um einzelne Tiere aus dem Beifang. Wünsche müssen dann gesagt und Eimer mit Deckeln mitgegeben werden (auch Eimer für Frischwasser). Wenig ist besser als viel! Kutter mit Ketten an den Bäumen der beiden Schleppnetze (Beam-trawl) fahren auf Schollen- und Seezungenfang. Feinermaschige Schleppnetze mit Rollen an den Bäumen fangen die schreckhaften Garnelen ein. „Mit Rollen fängt man keine Schollen."

6

Nordsee und Ostsee

Nordsee. Vor 5000–4000 v.Chr. gab es Meeresvorstöße. Ab 1000 v.Chr. begann eine Ruheperiode, die Küstengebiete verlandeten und wurden besiedelt. Von 1164 bis 1362 rissen schwere Sturmfluten Zuidersee, Dollart und Jadebusen aus altem Moorland. Seither wurde durch Eindeichungen und Küstenbefestigungen Neuland gewonnen. Die Landgewinnung spielt heute keine Rolle mehr. Zur Küstensicherung werden heute die Deiche erhöht, was neue Gefahren birgt: Die schwereren Deiche liegen auf Torfen im Untergrund, die nicht rutsch- und sackungsfest sind.

Ostsee. Im Gebiet der heutigen Ostsee lag 8000–7000 v.Chr. ein Eisstausee, gefüllt mit Gletscherwasser, das Yoldia-Meer. Die Verbindung des Meeres zur offenen See über Mittelschweden wurde durch Landhebungen abgeschnitten; um 6000 v.Chr. war die Ancylus-See ein Binnengewässer (Ancylus = Mützenschnekke; Süßwasser). Die heutige Verbindung zwischen Ost- und Nordsee entstand etwa 5000 v.Chr. Der Salzgehalt der Nordsee beträgt 3,5%, vor der Deutschen Bucht sinkt der Salzgehalt durch das Süßwasser der Flüsse auf nur mehr 3,2–3,1%. Das Wasser gefriert bei –2°C; in vielen Wintern bleiben die Küsten der Nordsee eisfrei. Der Salzgehalt der westlichen Ostsee beträgt noch 1,5%, nach Osten und Norden hin nimmt er auf 0,3% ab. Da dies aber noch nicht Süßwasser entspricht (unter 0,05%) und von Süßwasserformen nicht besiedelt wird, verarmen Algenflora und Fauna kontinuierlich. Algen, Polypen, Aktinien, Schnecken, Muscheln, Fische bleiben kleiner als in der Nordsee (Ringelwürmer nicht). Seesterne, Rotalgen und Seegräser bleiben zum Teil steril.

In der Ostsee schichtet sich Süß- über Salzwasser; bei länger dauernden Schichtungsperioden entstehen in der Tiefe Sauerstoffdefizite, anaerobe Gärungen und Schwefelwasserstoff; ein Leben für höhere Tiere ist dann nicht mehr möglich. Dieser Prozeß der Eutrophierung hat in der bis 459 m, durchschnittlich 101 m tiefen Ostsee bereits an vielen Stellen begonnen. In der Nordsee andererseits verbleibt statistisch jede eingebrachte Fracht, bedingt durch die Drehtiden, 3 Jahre, ehe ein Austausch mit dem Wasser des Nord- oder Mittelatlantiks erfolgt.

Quarzkörner, untermengt mit Feldspat-, Glimmer-, Granat-, Turmalin-, Kalk- und Muschelgrus-Partikeln, bilden die Sande. Nach den Korngrößen nennt man die Sande: Kiese (größer als 2 mm); Grobsande, Grit (2–0,5 mm); Mittelsande (0,5–0,2 mm); Feinsande, Silt (0,2–0,02 mm); Mehlsande, Schluffe (0,02–0,002 mm, 20–2 μm). Schlick besteht zu 50–65% aus Silten und Schluffen, zu 10–25% aus quellfähigen, schmierigen Tonen, zu 7–10% aus Muschel-Kalken und zu 5–10% aus nicht abgebauten, mineralisierten organischen Anteilen (Detritus). Schlick kann unheimlich werden und Gummistiefel bzw. Turnschuhe als Opfer fordern; da aber fester Untergrund vorhanden ist, sackt man nicht weg.

Utensilien: Eine Lupe, je besser deren Qualität, desto aufregender die weitere Dimension; Taucherbrille (Ostsee); Gezeitenkalender (Nordsee); Aquarianer-Fischnetzchen; durchsichtige Haushaltsdosen; Turnschuhe, Gummistiefel; Vorsicht, nicht barfuß laufen: Muschel- und Glasbruch schneiden; Kompaß (im Watt sind plötzliche Geisternebel nicht ausgeschlossen!); Fernglas zur Beobachtung der Vogelwelt.

Die Nordsee ist ein Nebenmeer der Weltmeere; ihre Fläche nimmt etwa 0,1% der Meeresflächen der Erde ein. Das Weltmeer ist im Durchschnitt 4000 Meter tief, die Nordsee knapp 100 Meter, die Deutsche Bucht sogar nur etwas über 20 Meter. Der Wasserinhalt der Nordsee beträgt damit nur etwa 0,002% der Wassermenge des Weltmeeres. Aus diesen 0,002% des Weltmeeres werden etwa 5% aller in der Welt gefangenen Fische geholt, in diese 0,002% des Weltmeeres bringt man aber auch den Abfall aus einem der dichtestbesiedelten und höchstindustrialisierten Gebiete der Welt ein. (Zitiert aus „Saubere Nordsee zum Leben".) Über Schadstofffrachten der Flüsse, Schiffahrt, Erdöl- und Erdgasförderung, Lufteinträge, Anreicherung von Giften, Müll und Fremdenverkehr unterrichtet eindrücklich und mit Farbbildern belegt die zitierte Schrift der Schutzgemeinschaft Deutsche Nordseeküste e.V.; Titel der 100 Seiten umfassenden Schrift: Naturschutz und Umweltschutz an der Nordsee, Schriftenreihe der Schutzgemeinschaft Deutsche Nordseeküste e. V., Heft 2, Saubere Nordsee zum Leben, Postfach 1580, 2960 Aurich.

Die Länder Schleswig-Holstein und Niedersachsen haben 1985/1986 das Wattenmeer zu Nationalparken erklärt; der Stadtstaat Hamburg hat Ende 1989 einen entsprechenden Gesetzentwurf vorgelegt. Die Schutzkonzepte umfassen drei Zonen: Zone I, Ruhezone, genießt den strengsten Schutz, Zone II ist Zwischenzone, Zone III ist die Erholungszone. Über die Bestimmungen in den Nationalparken informieren die Gemeinde- und Kurverwaltungen, die Fremdenverkehrsvereine und die lokalen Naturschutzverbände. Zentralen: Nationalparkverwaltung Niedersächsisches Wattenmeer, Virchowstrasse 1, 2940 Wilhelmshaven, Tel. 0 44 21/40 82 71, Landesamt für den Nationalpark Schleswig-Holsteinisches

Wattenmeer, Am Hafen 40a, 2253 Tönning, Tel. 0 48 61/64 56 und Umweltbehörde der Stadt Hamburg – Naturschutzamt –, Adenauerallee 10, 2000 Hamburg 1.

Artenfülle; weiterführende Literatur

In „Was find ich am Strande?" abgebildet, beschrieben und erwähnt sind die häufigen, „wichtigen" Formen der Küsten, Strände und Küstenregionen des Meeres. Das kann nur ein Teilaspekt und ein „Auszug" aus der wirklichen Formenfülle sein. Als Beispiele: Im Ostsee- und Nordseegebiet sind über hundert Vogelarten zu beobachten, leben im Meer 28 Moostierarten, 58 Muschelarten, 18 Flohkrebsarten, 110 Ringelwurmarten, um 40 Arten Stöckchenpolypen. Spezielle Literatur ist nachfolgend aufgeführt; allgemeine Literatur zum Thema finden Sie auf S. 124.

Spezielle Literatur

BÁRDARSON, H. R.: Vögel Islands. P. O. Box 998, Is-121 Reykjavik-1 1986

BRINK VAN DEN, F. H.: Die Säugetiere Europas. Verlag Paul Parey, Hamburg und Berlin 1972

DREBES, G.: Marines Phytoplankton. Georg Thieme Verlag Stuttgart 1974

GRZIMEKS Tierleben: Enzyklopädie des Tierreiches. Kindler Verlag AG Zürich 1985

HESS, H. E., E. LANDOLT, R. HIRZEL: Flora der Schweiz. Birkhäuser Verlag, Basel 1976-84. (Beschrieben sind auch die Pflanzen der Umgebung der elsässischen Salzabraumhalden!)

HEYDEMANN, B./J. MÜLLER-KARCH: Biologischer Atlas Schleswig-Holstein. Wachholtz Verlag Neumünster 1980

JANKE, K.: Die Makrofauna und ihre Verteilung im Nordost-Felswatt von Helgoland. Helgoländer Meeresuntersuchungen 40, Seiten 1 – 55, 1986: Sonderdruck

KAESTNER, A.: Lehrbuch der Speziellen Zoologie. Gustav Fischer Verlag Stuttgart 1980 – 84

KREMER, B. P.: Meeresalgen. Ziemsen Verlag; Wittenberg Lutherstadt 1975

MÖLLER, H./K. ANDERS: Krankheiten und Parasiten der Meeresfische. Verlag Heino Möller, Kiel 1983

MUUS, B. J./P. DAHLSTRÖM: Meeresfische. BLV Verlagsgesellschaft München 1985

PANKOW, H.: Algenflora der Ostsee. Bände I und II. Gustav Fischer Verlag Stuttgart 1976. (Alle Nordseealgen sind aufgeführt!)

RENNER, M.: Kükenthal's Leitfaden für das Zoologische Praktikum. Gustav Fischer Verlag Stuttgart 1984

RIEDL, R.: Fauna und Flora des Mittelmeeres. Verlag Paul Parey, Hamburg und Berlin 1983

ROUND, F. E.: Biologie der Algen. Georg Thieme Verlag Stuttgart 1975. Saubere Nordsee zum Leben (siehe Seite 7): Schutzgemeinschaft Deutsche Nordseeküste e. V.; Postfach 1580; 2960 Aurich

SCHMEIL-FITSCHEN: Flora von Deutschland. Quelle und Meyer Heidelberg 1982

STRESEMANN, E.: Exkursionsfauna; Wirbellose I. Volk und Wissen, Volkseigener Verlag Berlin 1970

STRESEMANN, E.: Exkursionsfauna; Wirbeltiere. Volk und Wissen, Volkseigener Verlag Berlin 1970

WELSCH, U. und V. STORCH: Einführung in Cytologie und Histologie der Tiere. Gustav Fischer Verlag Stuttgart 1973

Pflanzen- und Tiergesellschaften im Überblick

Hinter + sind weitere, in „Was find ich am Strande?" nicht erwähnte Arten aufgeführt. Die Wellenlinien in den Profilen markieren den mittleren Hochwasserstand (Flut).

Deiche, Salzwiesen

1 Deiche: Gänsefingerkraut, Großer Wegerich; + Gänseblümchen, Löwenzahn, Ackerkratzdistel, Schafgarbe, Habichtskraut, Hauhechel, Hornklee, Brennessel, Vogelmiere, Vogelknöterich, Scharfer Hahnenfuß, Wiesenlieschgras, Gemeine Quecke, Wiesenknäuelgras, Rispengräser, Schafschwingel.

2 Spülsäume: Seegras, Meersalat, Darmalge, Borstenhaarhaufen mit Pickspuren von Vögeln, Tangteile, Schulpe von *Sepia,* Rocheneier, Strandflöhe, Moostiere, Polypenstöckchen, Flohkrebs, Brotkrumenschwamm.

3 Grasnelkenwiesen: Grasnelke, Strandwegerich.

4 Gräben: Strandbeifuß, Strandaster, Spießmelde.

5 Andelwiesen: Tausendgüldenkraut, Strandflieder, Milchkraut, Strandsalzmiere, Spießmelde, Keilmelde, Stranddreizack, Andelgras; + Weißes Straußgras.

6 Quellerwatt: Strandsode, Queller.

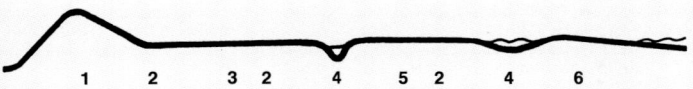

1 Deiche
  2 Spülsäume
    3 Grasnelkenwiesen
      4 Gräben
        5 Andelwiesen
          6 Quellerwatt

Wattenmeer

1 Küstenbefestigungen: Kleine Röhrenalge, Felsenalge, Spiraltang, Purpurrotalge, Seepocke, Strandschnecke, Strandkrabbe, Dreikantröhrenwurm, Sandassel.

2 Schlickgrashorste: Schlickgras; + Schlauchalge *Vaucheria maritima.*

3 Schlickwatt: Fadenringelwurm, Wattwurm (Jungtiere), Röhren des Köcherwurms, Wattkrebs, Strandschnecke, Wattschnecke, Kopfschildschnecke, Pfeffermuschel; + Papillenwurm *Peloscolex benedeni.*

4 Mischwatt: Diatomeenrasen, Raubwurm, Wattringelwurm, Rasenringelwurm, Wattwurm (erwachsene Tiere), Herzmuschel, Plattmuschel, Tellmuschel, Sandklaffmuschel, Büschelkieselalge.

5 Seegraszone: Zwergseegras, Seegras, Darmalge, Borstenhaar, Blasentang, Flohkrebs.

6 Sandwatt: Kiemenringelwurm, Wattwurm (erwachsene Tiere), Bäumchenröhrenwurm.

7 Miesmuschelbänke: Meersalat, Darmalge, Brauner Gliedertang, Seerose, Dickhörnige Seerose, Miesmuschel, Schnurwürmer, Schuppenringelwurm, Käferschnecke, Schlangensterne.

8 Priele, Tiefs: Fadenringelwurm, Bohrringelwurm, Schwebegarnelen, Strandkrabbe, Miesmuschel.

1 Küstenbefestigungen
  2 Schlickgrashorste
    3 Schlickwatt
      4 Mischwatt
        5 Seegraszone
          6 Sandwatt
            7 Miesmuschelbänke
              8 Priele, Tiefs

Dünen

1 Spülrand der Wogen: Blumenkohlqualle, Haarqualle, Kompaßqualle, Ohrenqualle, Stachelbeerqualle.

2 Spülsaum: Riementang, Beerentang, Eikapseln der Wellhornschnecke, Schulpe von *Sepia,* Rocheneier, Sandkorallen, Meerassel, Turmschnecke, Wendeltreppe, Große Miesmuschel, Kammuschel, Astartemuschel, Islandmuschel, Linsenmuschel, Herzmuschel, Artemismuschel, Venusmuschel, Teppichmuschel, Trogmuschel, Dreieckmuschel, Schwertmuschel, Scheidenmuschel, Korbmuschel, Bohrmuschel, Austern, Strahlenkörbchen, Panzer von Seeigeln.

3 Primärdünen: Salzmiere, Salzkraut, Strandweizen.

4 Weißdünen: Stiefmütterchen, Stranddistel, Meersenf, Strandhafer, Strandroggen; + Kleinblütige Nachtkerze.

5 Graudünen: Gänsedistel, Sandglöckchen, Kleiner Sauerampfer, Kriechweide, Schierlingsreiherschnabel, Sanddorn, Gänsefingerkraut, Silbergras, Sandsegge.

6 Braundünen, Wäldchen: Echtes Labkraut, Krähenbeere, Heidekraut, Glokkenheide, Dünenrose; + Rauschbeere, Moosbeere, Greiskraut, Habichtskraut, Frauenflachs, Augentrost, Hauhechel, Hasenklee, Moorbirke, Schwarzerle, Stieleiche, Hartriegel, Holunder, Weißdorn, Eberesche, Bittersüßer Nachtschatten, Mauerpfeffer.

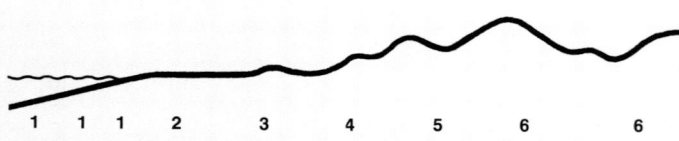

1 Spülrand der Wogen
  2 Spülsaum
    3 Primärdünen
      4 Weißdünen
        5 Graudünen
          6 Braundünen,
            Wäldchen

Felswatt

1 Untere Gezeitenzone (Sägetangzone): Sägetang, Knorpelrotalge, Korallenmoos, Hornrotalge.

2 Mittlere Gezeitenzone (Blasen- und Knotentangzone): Blasentang, Knotentang, Gabelrotalge, Krustenrotalge, Schnurrotalge, Seepocken, Stumpfe Strandschnecke.

3 Obere Gezeitenzone (Spiraltangzone): Spiraltang, Purpurrotalge, Seerose, Seenelke, Stumpfe Strandschnecke.

4 Gezeiten-/Spritzwasserzone (Rinnentangzone): Kleine Röhrenalge, Darmalge, Rinnentang, Strandkrabbe, Braune Strandschnecke.

5 Spritzwasserzone: Braune Strandschnecke; + Krause Fächeralge (*Prasiola stipitata*), Felsenspringer. '

6 Gezeitentümpel: Brauner Gliedertang, Krustenrotalge, Korallenmoos, Kalkkrustenrotalge, Witwenrose, Dickhörnige Seerose, Seepocken, Miesmuschel.

7 Spülsäume, Strandwälle: Strandkamille, Wilde Rübe, Meerkohl, Löffelkraut; Meersaiten, Zuckertang, Fingertang, Palmentang, Sägetang, Spiraltang, Blasentang, Rinnentang, Knotentang, Beerentang; Kammrotalge, Hornrotalge, Seeampfer, Pinselbüschelrotalge; Gallertschwamm, Bohrschwamm, Geweihschwamm, Seemoos, Posthörnchenwurm, Meerassel, Moostiere, Käferschnecke, Tangfliegen.

8 Vogelfelsen: Brutplätze von Vögeln (von unten nach oben) + Tordalk, Eissturmvogel, Dreizehenmöwe, Trottellumme, + Tordalk, Eissturmvogel, + Papageitaucher (Eissturmvogel und Tordalk brüten in zwei Ebenen).

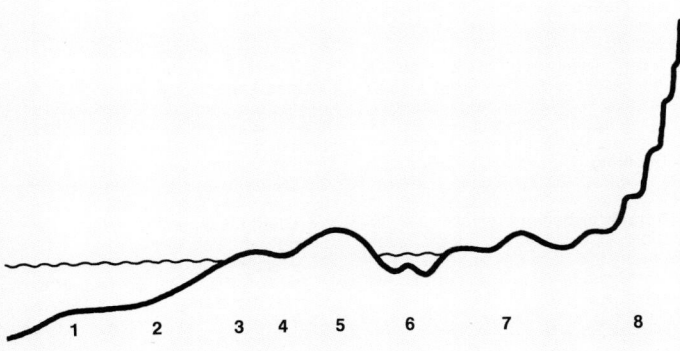

1 Untere Gezeitenzone (Sägetangzone)
2 Mittlere Gezeitenzone (Blasen- und Knotentangzone)
3 Obere Gezeitenzone (Spiraltangzone)
4 Gezeiten-/Spritzwasserzone (Rinnentangzone)
5 Spritzwasserzone
6 Gezeitentümpel
7 Spülsäume, Strandwälle
8 Vogelfelsen

Wichtige Fische

Die schlichten Umrißskizzen auf Seite 13 geben kein Bild davon, wie prächtig gefärbt oder wie dem Untergrund angepaßt und unscheinbar Fische sein können. Zusammengestellt sind Formen, die beim Kutterfang in Küstennähe als Haupt- und Beifang auftauchen, und solche, die sich bei Niedrigwasser in Gezeitentümpeln, Restwasserbereichen und zwischen Seegras beobachten lassen. Weitere Fische, die auf hoher See gefangen werden, kann man sich in Fischereihäfen und Auktionshallen zeigen lassen und in Meeresaquarien besichtigen (Dornhai, Rochen, Lachs, Meerforellen, Köhler (Seelachs, Touristendorsch), Leng, Stöcker, Seewolf, Seehase (Lumpfisch), Schellfisch, Seeteufel (Angler), Hornhecht, Lumb, Thunfisch, Rotbarsch, Heilbutt, Schwarzer Heilbutt).

Zu den 29 skizzierten Fischarten: In Klammern: Fischgruppen, N: Nahrung.

1 Aal, Flußaal (Aalfische) 30–90 cm; N: Kleintierfresser und Räuber. Nachtaktiv; in fast allen Süßwasserseen.

2 Hering (Heringsfische) 12–36 cm. N: Planktonfresser. Schwarmfisch.

3 Sprotte (Heringsfische) 12–16 cm; N: Planktonfresser. Schwarmfisch. In der Ostsee die Rasse „Kieler Sprotten".

4 Stichling (Stichlinge) 4–7 (9) cm; N: vielseitig, auch Laichräuber. Meer und Süßwasser (wohl zwei Rassen).

5 Dorsch, Kabeljau (Dorschfische) 30–140 cm; N: u.a. Fische, Lodden, Tintenfische, jeweils kleinere Artgenossen. Fänge im Nordatlantik pro Jahr um 1,5 Mill. Tonnen.

6 Wittling (Dorschfische) 20–40 cm; N: Fische, Krebse, Heringslaich.

7 Franzosendorsch (Dorschfische) 15–26 cm; N: Krebsgetier, Kleinfische.

8 Aalmutter (Schleimfische) 20–40 cm; N: allerlei Getier. Lebendgebärend (30–400 Junge). Knochen grün.

9 Grasnadel (Seenadeln) 18–30 cm; N: Kleintierfresser, Fischlarven. Flachwasser.

10 Seenadel (Seenadeln) 12–17 cm; N: Kleinkrebse, Fischlarven.

11 Schlangennadel (Seenadeln) 20–30 cm; N: Saugt Kleinkrebse ein.

12 Grauer Knurrhahn (Knurrhähne) 18–40 cm; N: Garnelen, Taschenkrebse, Fische, Weichtiere.

13 Roter Knurrhahn (Knurrhähne) 25–50 cm; N: wie beim Grauen Knurrhahn. Läuft tastend mit freien Brustflossenstrahlen am Grund. Fleisch sehr gut.

14 Seeskorpion (Groppen) 14–30 cm; N: Laich, Garnelen, Flohkrebse, Jungfische.

15 Scheibenbauch (Scheibenbäuche) 10–15 cm; N: Garnelen, Jungfische, Weichtiere. Grundtiere, kaulquappenartig.

16 Steinpicker (Panzergroppen) 12–15 cm; N: Ringelwürmer und Garnelen. Getrocknet im Souvenirhandel.

17 Butterfisch (Schleimfische) 17–24 cm; N: Würmer, Laich, Jungfische, Flohkrebse. In Algenregionen.

18 Kleiner Sandaal (Sandaale) 12–18 cm; N: Zooplankton, Würmer, Jungfische. Dorsch-Futter und der am häufigsten von Fischen gefressene Fisch!

19 Großer Sandaal (Sandaale) 20–35 cm; N: Kieselalgen, Fischbrut.

20 Leierfisch (Spinnenfische) 20–30 cm; N: Muscheln, Schnecken, Flohkrebse.

21 Schnappküling (Grundeln) 6 cm; N: Würmer, Flohkrebse, Jungfische.

22 Makrele (Makrelenfische) 30–50 cm; N: Heringe, Sardinen, Sandaale.

23–29 Butte (Augen links!), Scharben, Schollen und Seezungen (Augen rechts!) (Plattfische):

23 Steinbutt 30–90 cm; Haut „steinig"; N: Grund- und Schellfische.

24 Glattbutt 35–60 cm; Haut glatt; N: Grundfische und Krebse.

25 Doggerscharbe 25–40 cm; rauh geschuppt; N: Sandaale, Schlangensterne, Krebse, Weichtiere. Fleisch wasserreich.

26 Scholle 25–40 cm; glatt; hinter den Augen ein Kamm mit 4–7 Knochenhökkern; nachtaktiv; N: Muscheln, Garnelen, Stachelhäuter, Ringelwürmer.

27 Kliesche 20–35 cm; rauh; Seitenlinie im Halbkreisbogen über der Brustflosse; N: Seeigel, Krebse, Schnecken.

28 Flunder 20–30 cm; rauh; entlang der Seitenlinie dornige Warzen; N: Schnekken, Muscheln, Kleinfische, Allerlei.

29 Seezunge 30–40 cm; Schnauze rund; N: Würmer, Flohkrebse, Weichtiere, Sandaale, Grundeln. Fleisch fest, weiß!

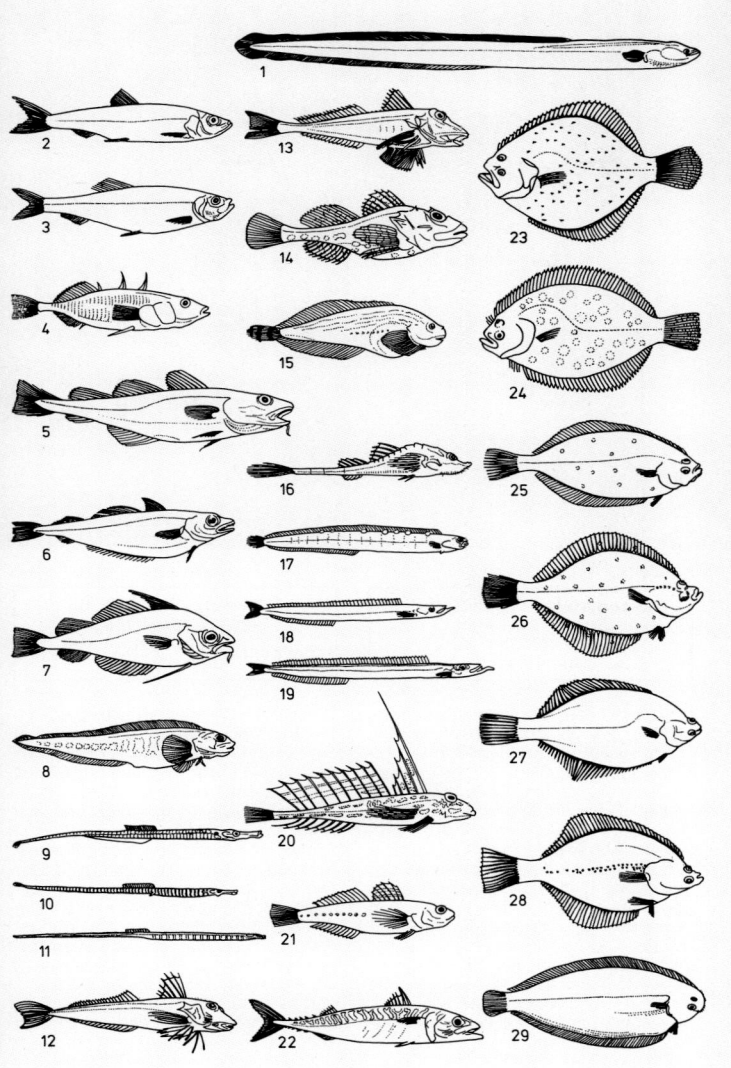

Gänsedistel, Ackergänsedistel
Sonchus arvensis
Korbblütler
Blütenpflanzen

Edelraute, Strandbeifuß
Artemisia maritima
Korbblütler
Blütenpflanzen

0,5–1,5 m hoch. Die Ackergänsedisteln blühen von Juli bis Oktober. Die im Durchmesser bis 5 cm großen Blütenköpfe mit Hunderten von goldgelben Zungenblüten öffnen sich bei sonnigem Wetter. Die Hüllblätter der Köpfchen (Körbchen) und die Stengeläste der Blütenstände fallen durch gelbe Drüsenhaare auf, die dichte Pelze ausmachen. Die unteren Stengelteile sind kahl. Die Stengel kommen aus einem kriechenden Wurzelstock. An ihrer Basis sind die Stengelblätter herzförmig abgerundet. Blätter glänzendgrün und mit Sägezahnrändern. Alle Blätter sind stachelig gezähnt, je höher am Stengel, desto schlichter. Salzliebend, salztolerant und nitrathungrig. Während der Blüte eine an Stränden auffällige, mehrjährige Pflanze.
– Sanddünen; Ödland, Äcker

30–60 cm hoch. Blüht von Juli bis Oktober. Blütenköpfchen gestielt, bis 5 mm breit, mit grüngelben Röhrenblüten (keine Zungenblüten). Köpfchen in Rispen auf abstehenden und oft übergebogenen Ästen. Die Bestäubung erfolgt durch den Wind.
Stengel stark ästig und aufrecht, unten nicht oder nur wenig verholzt. Blätter zwei- bis dreifach fiederteilig. Die Hüllblätter der Blüten, die Stengel und Blätter sind grau bis schneeweiß befilzt (Verdunstungsschutz). Pflanzen riechen aromatisch (ätherisches Öl Cineol); verwandt mit Estragon und Wermut (Absinth). Nordseeküsten, Ostküste von Dänemark; oft in dichten Beständen. Die Unterart *Artemisia salina* (Stengel unten verholzt) lebt verbreitet an den Ostseeküsten.
– Salzwiesen, Dünen, Grabenränder

14

Strandkamille
Matricaria maritima
Korbblütler
Blütenpflanzen

Strandaster
Aster tripolium
Korbblütler
Blütenpflanzen

10–70 cm groß. Die schöne Strandpflanze, in Island Baldursbrá, die Braut Baldurs genannt, blüht von Juli bis Oktober. Blütenköpfe 3–4 cm groß; mit 20–30 reinweißen, außen dreigezähnelten Zungenblüten und als „Scheibe" halbkugelig angeordneten goldgelben Röhrenblüten. Hüllblätter der Blüten dreieckig, mit dunkelbraunen Rändern und in wenigen Reihen. Die Stengel sind vom Boden an mehrfach verzweigt, niederliegend, aufsteigend und aufrecht. Blätter etwas sukkulent, kahl, in unterschiedlichen Grüntönen, mit kurzen Fiederabschnitten. Erstaunlich schmächtig ist das Wurzelwerk der zwei- oder mehrjährigen Kamille. Beim Zerreiben riechen die Blätter der Strandkamille kaum. An den Nordseeküsten häufig, an den Ostseeküsten weniger.
– Strandwiesen, Dünen, Strandwälle, Gerölle

5–70 cm hoch. Blüht von Juni bis Oktober. Die Zungenblüten der zweijährigen, auffälligen Pflanze sind hellblau bis zartlila, die Röhrenblüten der Scheibe gelb. Im Herbst fallen die Zungenblüten ab, das Aussehen der Strandastern ändert sich dann verblüffend. Blüten in Dolden. Stengel aufrecht, oben ästig. Hauptstengel fast ganz kahl, oft rötlich überlaufen. Die Stengel der Blütenstände sind beblättert (Blätter ohne Blattstiele). Die unteren Blätter dagegen sind gestielt, ungeteilt, länglichoval bis schmal, etwas dicklich und fleischig (salzsukkulent). In den Salzwiesen häufig. Durch das weidende Vieh oft sehr niedrig und zerzupft. Nordsee-, Ostseeküsten.
– Salzwiesen, Grabenränder

15

Sandglöckchen
Jasione montana
Glockenblumengewächse
Blütenpflanzen

Echtes Labkraut
Galium verum
Röte-, Labkrautgewächse
Blütenpflanzen

15–30 cm hoch. Blüht von Juni bis August. Die tief himmelblauen Blüten sitzen kurz gestielt in 1,5–2,5 cm großen Blütenständen zusammen. Die Blütenblätter sind zunächst zu einer Röhre verwachsen, dann in fünf bandförmige Zipfel aufgeteilt. Unter den Blütenständen Hüllblätter. Die zweijährigen Pflanzen haben dünne Pfahlwurzeln, keine Ausläufer. Stengel aufrecht, oft verzweigt, im unteren Teil mit welligen, haarigen, schmalen Blättern. Im Sommer, zur Blütezeit, sind die grundständigen Blätter bereits verdorrt. Einerseits in Dünengebieten, andererseits auf trockenen, kalkfreien Böden der Berge. Nordsee- und besonders Ostseeküsten.
B Von der Stiftung zum Schutz gefährdeter Pflanzen zur Blume des Jahres 1990 ausgewählt.
– Graudünen, sandige Heiden

0,3–1 m hoch. Blüht von Juni bis September. Die zitronengelben, vierzipfeligen Blüten duften nach Honig; sie sitzen sehr dicht in endständigen Rispen zusammen. Stengel aufrecht, rund oder stumpf vierkantig. Die Blätter stehen in Quirlen; 8–12 der 15–25 mm langen, spitzen und schmalen Blätter machen einen Quirl aus. Die Blattoberseiten sind dunkelgrün, die Unterseiten durch weiche Haare wollig. Ausdauernde Pflanze. Hervorragend schmeckt und duftet Labkrauthonig. *Galium* enthält Labferment: Frische oder getrocknete Blätter und Wurzeln in Säckchen gepackt und in Milch geschwenkt, bringen die Milch zum Gerinnen. Häufig. – Grau- und Braundünen, Trockenwiesen, Wegränder

16

Strandwegerich	**Augentrost**
Plantago maritima	*Euphrasia rostkoviana*
Wegerichgewächse	Rachenblütler
Blütenpflanzen	Blütenpflanzen

5–60 cm hoch. Blüht von Juni bis Oktober. Blüten klein, zwittrig, in den Achseln von schuppenförmigen Tragblättchen. Zahlreiche grünlich-braune Blüten sind in 4–10 cm langen und kaum 5 mm dikken Ähren angeordnet. Staubblätter gelb. Vor dem Aufblühen nicken die Ähren, dann stehen sie aufrecht. Blätter schmal, oft eingekrümmt, dunkel graugrün, rinnenförmig, mit drei Längsnerven. Alle Blätter gehen von einer grundständigen Blattrosette aus. Nordsee-, Ostsee- und Atlantikküsten. – Salzwiesen
A 1 Blätter mit vier bis acht gezähnten Abschnitten: Krähenfußwegerich, *Plantago coronopus*. – Salzwiesen, Dünen, auf Weiden und Triften.
A 2 Blätter breitoval, mit langen Blattstielen: Großer Wegerich, *Plantago major*. – Deichwiesen; auf feuchten Böden überall häufig.

5–30 cm hoch. Blüht von Juli bis Oktober. Blütenkronen weiß; die Adern der dreilappigen Unterlippen sind lila, die Schlundflecke gelb gefärbt. Tragblätter der Blüten abgespreizt, mit Drüsenhaaren. Stengel meist schon von der Basis an verzweigt. Parasitiert auf Gräsern als Halbschmarotzer. Häufig.
B *Euphrasia* enthält ätherische Öle, Gerbstoffe, Aucubin (Glukosid); Heilmittel bei Bindehautentzündung.
– Strandwiesen; in Mooren, Wiesen, Gebirgswiesen
A 1 20–40 cm hoch, Blüten rot, Pflanze verzweigt: Zahntrost, *Odontites rubra*. – Salzwiesen, Weiden an Deichen; feuchte Wiesen. Im Herbst.
A 2 10 cm hoch, Blüten rot, Pflanze nicht verzweigt: Salzzahntrost, *Odontites litoralis*. – Salzwiesen

Tausendgüldenkraut
Centaurium vulgare (C. littoralis)
Enziangewächse
Blütenpflanzen

Grasnelke
Armeria maritima
Grasnelkengewächse
Blütenpflanzen

8–20 cm hoch. Blüht von Juli bis September. Die Blütenblätter der Blüten, die sich nur bei vollem Sonnenschein öffnen, sind rosarot, rot, selten weiß gefärbt. Die Blüten sitzen in mehreren Etagen auf unterschiedlichen Höhen. Blütenkelche beim Aufblühen fast so lang wie die Röhren der Blütenkronen. Stengel der einjährigen Pflanze erst ab der oberen Hälfte verzweigt, vierkantig, wie die Blattränder und Kelchkanten kahl. Die Stengelblätter sind schmäler als die bis 5 mm breiten Grundblätter der Blattrosette. Nordsee- und Ostseeküsten.
– Strandwiesen, Dünen

5–15 cm hoch. Die sehr formenreichen Grasnelken blühen von Mai bis Oktober. Stengel blattlos; an den Enden der Stengel Köpfchen von Gesamtblütenständen, die aus drei Teilblütenständen zusammengesetzt sind. Bleiche, trockenhäutige, bis 2,5 cm lange Hüllblätter umgeben die Blütenstände und umhüllen mit Fortsätzen, die zu Scheiden verwachsen, den oberen Stengelteil. Blüten weiß, rosa, blaßrot; Blütenblätter am Grund verwachsen; Kelche trichterförmig, fünfzipfelig. Alle grasartigen, höchstens 3 mm (meistens 1 mm) breiten Blätter gehen von einer grundständigen Rosette aus. Vierteilige Drüsen auf den Blattoberflächen scheiden Wasser und Salze aus. Ausdauernde Pflanze mit Pfahlwurzel und kurzem Wurzelstock. In Rudeln. Nord-, westliche Ostsee, Alpen.
– Strandwiesen, Dünen.

Strandflieder, Strandnelke *Limonium vulgare* Grasnelkengewächse Blütenpflanzen	**Milchkraut** *Glaux maritima* Primelgewächse Blütenpflanzen

20–50 cm hoch. Die ausdauernde Staude blüht von Juli bis September. Blütenfarben: violett, blaulila, blaßblau, weiß. Wurde für Dauerbuketts gesammelt; wird heute angepflanzt, da die Blütenstände ihre Form und die bunten Kelche ihre Farbe beim Trocknen behalten. Blüten in einseitigen, schraubigen Rispen. Kelche der fünfgliederigen Blüten trockenhäutig. Wird durch Insekten bestäubt. Stengel der Blütenstände aufrecht und ästig. Blätter immergrün, groß, grundständig, lederartig mit knorpeligen Rändern. Eingesenkte Blattdrüsen scheiden Wasser, Kalk, Salze und Schleim ab; die Drüsen ermöglichen das Leben im extremen Biotop. Nordseeküsten; an den Ostseeküsten weniger häufig.
Geschützte Pflanze!
– Salzwiesen und Schlick.

3 cm hoch, 15 cm lang. Das ausdauernde Kraut blüht von Mai bis August. In Blattwinkeln sitzen ungestielte Blüten, die nur aus weißlichen bis rosaroten Kelchen, aus je fünf Staubblättern und oberständigen Fruchtknoten bestehen; Blumenkronblätter fehlen. Durchmesser der Blüten 4 mm. Die Stengel der zierlichen Pflanze kriechen, wenige stehen hoch. An den Stengeln entspringen kreuzgegenständige Blattpaare, die vier Längszeilen ausmachen. Blätter elliptisch, zugespitzt, ohne Blattstiele, sukkulent, oben glänzend dunkelgrün. Auf den Blättern sitzen Sekretzellen. Soll als Futterkraut die Milchleistung erhöhen. Nordsee-, Ostsee- und Atlantikküsten.
– Salzwiesen

Krähenbeere	**Besenheide,** Heidekraut
Empetrum nigrum	*Calluna vulgaris*
Krähenbeerengewächse	Heidekrautgewächse
Blütenpflanzen	Blütenpflanzen

10–50 cm lang. Blüht von April bis Juni. Die sehr kleinen Blüten mit rötlichen Kronblättern sitzen einzeln oder in Dreiergrüppchen in den Blattachseln. Die kugeligen, schwarzglänzenden, beerenartigen Steinfrüchte sind genießbar, schmecken aber wäßrig. Die Stengel des zweihäusigen, ausdauernden Zwergstrauches kriechen, aufgerichtet sind nur die Triebspitzen. Drei- bis fünfmal so lang wie breit sind die Rollblätter. Da die Rollränder unten mit einem weißen Filzstreifen zusammenstoßen, sieht man nur Blattoberseiten; die Unterseiten sind im Inneren der Rollgebilde.
– Dünen, Braundünen; Heiden, Moore
(**A** Zur nächsten Art, zur Besenheide: Kelche kürzer als die Kronen, Blattränder völlig umgerollt: Glockenheide, *Erica tetralix;* feuchte Moore.)

20–80 cm hoher Zwergstrauch. Blüht von Juli bis Oktober. Die nickenden, tief vierspaltigen Blüten stehen an den Zweigenden nach einer Seite gewandt in Trauben aus vielen Blüten. Die glockigen Blütenkronen sind hellrot oder purpurn gefärbt, die etwas größeren Kelche ebenfalls (Lupe!). Wenig auffällig sind vierblättrige zusätzliche Außenkelche. Stengel liegend, aufsteigend, auch aufrecht. Von den Verzweigungsknoten gehen mitunter Wurzeln ab. Klein (1–2 mm), nadelig und am Grund besport sind die Blätter. Sie sitzen in vier Längsreihen angeordnet. Die eingerollten Blattränder verringern Wasserverluste. Anzeiger für Magerböden.
– Küstenheiden; trockene Wälder, Heiden, Moore

Salzmiere	**Salzspärkling**
Honckenya peploides	*Spergularia marina*
Nelkengewächse	Nelkengewächse
Blütenpflanzen	Blütenpflanzen

5–30 cm hoch. Blüht im Mai und Juni. Weiße Blüten sitzen ohne Blütenstiele in gedrängten Scheindolden und werden von längeren Kelchblättern überragt. Kelchblätter getrennt; ab und zu bilden die Blüten keine Blütenblätter aus. Die großen Samen werden durch Meeresströmungen verbreitet. Gelbgrüne, salzsukkulente, ausdauernde Pflanzen. Die fleischigen Stengel verzweigen sich, von den Knoten der Verzweigungen gehen die Wurzeln ab. Blätter kreuzgegenständig, sie sitzen ohne Blattstiele an den Stengeln, sind fleischig und glänzend. Die Blätter sind sehr auffällig dicht übereinandergeordnet, viel stärker als bei *Glaux,* dem Milchkraut (S. 19). Sehr häufig auf feuchtem Sand; vom Spülsaum bis zu den Vordünen. Nordsee- und Ostseeküsten.

– Strand, feuchter Sand

5–20 cm hoch. Blüht von Mai bis September. Blüten blaßrosa, die Blütenblätter sind etwas länger als die Kelchblätter. Blüten gestielt, mit drei Griffeln. Kelchblätter grün, am Rande weiß und trockenhäutig. Samen ohne Saum. Stengel verzweigt, großenteils niederliegend. Blätter ungestielt, gegenständig, sukkulent, sehr schmal und einnervig. Die Nebenblätter eines jeden Blattpaares verwachsen zu weißen, glänzenden Schuppen. **A** Samen haben einen breiten, weißen, durchsichtigen Saum: Flügelschuppenmiere, *Spergularia media.* Beide Arten, *S. media* und *S. marina* (= *S. salina*), leben auf feuchten Schlick-, Sand- und Salztonböden. Nordsee- und Ostseeküsten.

– Strand

Salzkraut	**Strandsode**
Salsola kali	*Suaeda maritima*
Gänsefußgewächse	Gänsefußgewächse
Blütenpflanzen	Blütenpflanzen

25–60 cm hoch. Blüht von Juli bis September. Die grünlichen Blüten sitzen zu eins bis drei in Blattachseln. Zu jeder Blüte gehören zwei lederige, blattartige Vorblätter mit Borsten. Blüten seltsam: drei Blütenhüllblätter sind 3–4 mm breit, zwei schmäler; alle haben eine aufwärtsgerichtete Spitze und einen nach außen abstehenden, queren, fächerartig geaderten Flügel. Einjährige Pflanze, die durch Wind und Insekten bestäubt wird. Stengel mehr oder weniger aufrecht, mit abstehenden Seitentrieben, mal kahl, mal borstig behaart. Blätter ungestielt, mit feinen, gelben Stachelspitzen; im Querschnitt rund bis abgeflacht. Pflanze fleischig, graugrün, manchmal rötlich. An Spülsäumen, Sandstränden und in den Dünen der Nord- und Ostseeküsten.
– Dünen, sandige Strände

7–30 cm hoch. Blüht von Juli bis September. Die kleinen, unauffälligen, zwittrigen und fünfstrahligen Blüten sitzen zu zweit oder dritt als knäuelige Scheinähren in den Blattachseln; sie werden vom Wind bestäubt. Die Stengel der einjährigen Art sind wenig verzweigt, sie liegen dem Boden auf; in die Höhe stehen nur die Stengelenden. Die Blätter haben keine Blattstiele, werden 5–10 mm lang und sind im Querschnitt halbwalzenförmig; die ebenen Blattseiten liegen oben. Die saftigen Blätter (grün bis blaugrün) laufen im Spätsommer rot an. Das formenreiche Kraut lebt auf nassen Schlickböden am Strand und an salzhaltigen Stellen im Binnenland. Nordsee-, Ostseeküsten.
– Strand

Queller, Glasschmalz
Salicornia europaea
Gänsefußgewächse
Blütenpflanzen

5–40 cm hoch. Blüht von August bis Oktober. Die zwittrigen Blütchen bestehen aus einer fleischigen Hülle, zwei Staubgefäßen und zwei Griffeln. Die Blüten sitzen eingesenkt in Dreiergruppen hinter winzigen Tragblättern an den oberen Stengeln (Lupe!). Die gegenständigen Blätter sind zu Scheiden um die Stengel reduziert, wodurch der Queller gegliedert erscheint. Sammelart mit mehreren Unterarten (Stengelverzweigungen). Graugrün, im Herbst verfärben sich die glasigen Stengel rot. Erträgt ständige Überflutung besonders während der Blüte nicht; Bestäubung unter Wasser durch Schwimmpollen; Sämlinge brauchen zur Verankerung einige von Gezeiten freie Tage, Nipptiden. Vor den Salzwiesen als Pioniere der Verlandung. Nordsee-, Ostsee- und Atlantikküsten.
– Schlickwatt

Spießmelde
Atriplex hastata
Gänsefußgewächse
Blütenpflanzen

30–120 cm hoch. Blüht von Juni bis September. Die Blütenstände sind ähnlich wie bei der Strandmelde zusammengesetzt. Dreieckige Vorblätter umschließen als Fruchtblätter die Früchte der hüllenlosen weiblichen Blüten. Männliche und zwittrige Blüten dagegen haben fünf grünliche Blütenhüllblätter. Pflanze vielfach verzweigt. Die mehligen Grundblätter sind dreieckige Spießblätter mit glatten oder gezähnelten Rändern. Die oberen Spießblätter sind langgezogen schmal. Die formenreiche Spießmelde lebt nicht nur an den Küsten: salzige Schlickböden, Salzwiesen, Wegränder, Schuttplätze, Äcker, Gärten.
– Salzwiesen, Schlickböden; Schuttplätze, Äcker

23

Strandmelde
Atriplex littoralis
Gänsefußgewächse
Blütenpflanzen

Keilmelde, Portulak
Halimione portulacoides
Gänsefußgewächse
Blütenpflanzen

30–80 cm hoch; einjährig. Blüht von Juli bis September. Die eingeschlechtlichen Blüten stehen in Knäueln zusammen, die Blütenknäuel wiederum sitzen auf Distanz an steifen, aufrechten Blütenzweigen. Fruchthüllen mehlig bestäubt und stark gezähnelt. Stengel kantig. Blätter schmal, mit glatten oder sehr scharf gezähnten Rändern, Seitennerven sind kaum sichtbar, hellgrün bis graublau. Der mehlige Eindruck rührt von Salzhaaren her: Zweizellige Haare bestehen je aus einer aktiven, grünen Stielzelle und einer kugeligen Blasenzelle, die in ihrer Vakuole salzreiche Flüssigkeit speichert. „Melta" bedeutet im Althochdeutschen „mit Mehl bestäubt". Halophytische Strandpflanze der Nord- und Ostseeküsten.
– Spülsäume mit Tangen und Seegras

30–100 cm hoch. Blüht von Juli bis September. Blüten klein, unauffällig, grünlich. Knäuel aus jeweils um 10 männlichen und 2–3 weiblichen Blüten bilden die traubigen Blütenstände. Stengel bogig, verzweigt, im unteren Bereich verholzt (Halbstrauch). Blätter meistens gegenständig, länglich, graugrün, sukkulent und derb, mit kurzen Blattstielen. Häufig auf salzigen Schlickböden, an Grabenrändern in Salzwiesen, in den Strandbeifußwiesen (*Artemisia*). Frostresistent; zu häufige Überflutungen hemmen das Wachstum. Gutes Viehfutter; durch starkes Beweiden jedoch wird die Keilmelde geschädigt. Nordseeküste; nicht an der Ostseeküste.
– Schlickwatt, Schlickböden

24

Wilde Rübe, Strandrübe
Beta maritima
Gänsefußgewächse
Blütenpflanzen

20–70 cm hoch. Blüht von Juli bis September. Die grünlichen, kleinen Blütchen bilden zu zweien bis vieren Knäuel; die Knäuel wiederum machen insgesamt lange, beblätterte Rispen-Blütenstände (Scheinähren) aus. Bei der Fruchtreife erhärten die Blütenhüllblätter und schließen die Früchte ein. Zwei- bis mehrjährige Form mit niederliegenden Ästen. Blätter langgestielt, die Blattstiele gehen von Bodenrosetten aus. Blattspreiten: oben glänzend, dunkelgrün, fest und fleischig (sukkulent). Die Wurzeln dieser Form verdicken sich nicht zu Rüben. *Beta maritima* ist die Wildform der Runkelrübe, Roten Rübe, Futterrübe, Zuckerrübe und des Mangolds. Lebt an Stellen mit organischem Angespül. Küstengebiete der Niederlande, von Dänemark und auf Helgoland.

– Spülsaumbereiche, Strandwälle

Kleiner Sauerampfer
Pumex acetosella
Knöterichgewächse
Blütenpflanzen

5–30 cm hoch. Blüht von Mai bis Juli. Die kleinen Blüten sind eingeschlechtlich; sie sitzen zu vielen in lockeren, gelblich-rötlichen Rispen. Zweihäusig: weibliche und männliche Blüten auf getrennten Pflanzen. Häufig vermehrt sich der Kleine Sauerampfer durch Wurzelbrut. Die aufrechten Stengel verzweigen sich erst im Bereich der Blütenstände. Blätter schmal, die unteren Spießecken können reduziert sein. Am Grund haben alle Blätter eine silberweiße, fransig zerschlitzte Röhre (Ochrea), die den Stengel umfaßt. Blattfarben: graugrün, hellgrün, rötlich, rot. Schmeckt säuerlich und bitter. Lebt auf Brach- und Sandfeldern, nicht nur an der Küste. **A** Auf salzhaltige, feuchte Böden an der Küste weitgehend beschränkt ist der Strandampfer, *Rumex maritimus:* Blütenstand sehr dicht, Pflanzen goldgelb. – Dünen

25

Kriechweide	**Mannstreu,** Stranddistel
Salix repens	*Eryngium maritimum*
Weidengewächse	Doldenblütler
Blütenpflanzen	Blütenpflanzen

0,2–1 m hoch. Blüht im April und Mai; die kugeligen Kätzchen erscheinen meistens vor dem Laubaustrieb. Die Sträucher haben unterirdisch kriechende Hauptstämme. Von den verborgenen Stämmen gehen die bogigen, kahlen, braunen, schlanken und biegsamen Äste nach oben. Übersandungen werden dank dieser Konstruktion leicht ertragen. Die Blätter der Dünenformen sind breit bis kreisrund; auf beiden Seiten der Blätter stehen Silberhaare. Die Blattoberseiten verkahlen im Sommer. Beim Trocknen werden die Blätter nicht schwarz. Häufig in den Graudünen und Dünentälchen.
– Dünen; Moore, feuchte Wiesen

20–70 cm hoch. Blüht von Juni bis Oktober. Blüten blau, stahlblau, amethystfarben; sie sitzen in kugeligen Köpfen zusammen, die über einer Hülle aus gezähnten, stacheligen Hochblättern stehen. Die Mittelnerven der Kelchzipfel laufen in stechende Grannen aus. Stengel wenig verzweigt. Grundblätter nierenförmig, weißgrün überlaufen, lederig; die Lappen der Blattränder laufen in Zähne mit Spitzen aus. Die Blattkutikula weist Wasser ab; Regen- und Salzwassertropfen perlen ab. Die von Ölgängen durchzogenen Wurzeln verfestigen den Dünensand. Die Wurzeln wurden früher gegessen, in Zucker eingemacht. Nordseeinseln, Ostseedünen. Stranddisteln sind keine eigentlichen Disteln (Korbblütler) und als seltenste Strandpflanzen streng geschützt (vor Ausgraben, Abhacken).
– Dünen, Weißdünen

Schierlingsreiherschnabel	**Stiefmütterchen**
Erodium cicutarium	*Viola tricolor*
Storchschnabelgewächse	Veilchengewächse
Blütenpflanzen	Blütenpflanzen

Pflanze 5–50 cm groß. Blüht von April bis Oktober. Blüten einfarbig rotviolett oder rosa; die fünf Blumenblätter einer Blüte überragen die Kelche weit. Von den zehn Staubblättern einer jeden Blüte haben nur fünf Staubbeutel (die nahe verwandten Storchschnabelarten, Gattung *Geranium,* haben in den Blüten je zehn Staubbeutel). Früchte mit langen Schnäbeln aus Fruchtblätterteilen. Zur Reifezeit verdrehen sich die Schnäbel, die Früchte gehen in einsamige Teilfrüchte auseinander. Die Stengel der einjährigen Pflanzen liegen meist nieder. Die Fiederblättchen der Blätter sind ihrerseits gefiedert. Blätter und Stengel weitgehend kahl.
A Mit sehr vielen Drüsenhaaren, Blütenstände 1–3-blütig: Drüsenreiherschnabel, *E. lebelii.*
– Dünen; Wegränder, Äcker

5–25 cm groß. Blüht von Mai bis Oktober. Die Blüten werden 1,5–2 cm groß, ihr Sporn 4 mm lang. Die Farben der Blüten variieren: alle Kronblätter sind blauviolett, die oberen dunkler als die unteren; oder die beiden oberen Kronblätter sind violett, die seitlichen und unteren Teile der Blüten gelb mit dunklen Adern. Die beiden seitlichen Kronblätter der Blüten stehen nach oben und decken die beiden oberen Kronblätter. Die Stiefmütterchen sind ein- oder zweijährig. Die fleischigen Stengel verzweigen sich. Die Umrißform der Blätter variiert, immer sind die Blattränder gesägt und alle Nebenblätter bleiben schmal. Lebt am Strand auf Sanden und in Geröllen.
– Dünen, Weißdünen; Äcker, Wiesen

Sanddorn	**Stechginster**
Hippophaë rhamnoides	*Ulex europaeus*
Ölweidengewächse	Schmetterlingsblütler
Blütenpflanzen	Blütenpflanzen

Sträucher 0,5–4 (6) m hoch. Die Sträucher (oder kleinen Bäume) sind aufrecht, stark ästig und verdornt. Blütezeit März bis Mai. Zweihäusig. Die unscheinbaren röhrigen Blüten weiblicher Pflanzen sitzen in kugeligen Blütenständen beisammen. Die Blüten männlicher Pflanzen haben tief zweiteilige Hüllen. Bestäubung durch den Wind. Die orangeroten, selten gelben Früchte entstehen aus fleischig werdenden Kelchröhren und umschließen jeweils eine Nuß. Sanddorn-Elixiere und -Marmeladen sind bekannte Produkte aus den Früchten. Blattstiele kurz, Blätter schmal, Blattoberseiten graugrün. An den Blattunterseiten machen über den Spaltöffnungen sich überlappende Sternhaare (Verdunstungsschutz) den Silberglanz aus. Sternhaare sind vielzellige Schirmstrukturen. Nord- und Ostsee.
– Dünen; angepflanzt

Der Stechginster ist ein bis 2 m hoher, sparriger, stark verzweigter Strauch. Blütezeit April bis Juli. Eine bis drei goldgelbe Blüten stehen an den Kurztrieben, die sich dicht zusammendrängen. Braune Haare machen die Kelchblätter und die Hülsenfrüchte zottelig. Blätter nadelförmig und stachelspitzig, einfach oder dreizählig gefiedert. Die meisten Blätter werden in lange Blattdornen umgewandelt. Neben den Blattdornen erhöhen Kurztriebdornen den Stachelcharakter des Stechginsters. Sehr häufig auf Heiden in Küstennähe. Die nördliche Grenze der Verbreitung liegt in Schleswig-Holstein.
– Klippensäume; Heidegebiete

Dünenrose	**Runzelrose**
Rosa spinosissima (R. pimpinellifolia)	*Rosa rugosa*
Rosengewächse	Rosengewächse
Blütenpflanzen	Blütenpflanzen

10–70 cm hoch. Blütezeit Mai und Juni. Die Farben der bis 4 cm großen Blüten: reinweiß, eierschalenfarben, selten rosa angelaufen. Klein und schwärzlich sind die Hagebuttenfrüchte. Blätter dunkelgrün, kahl, mit 5–11 Fiedern. Auf den Zweigen sitzen dicht zwei Sorten von Stacheln: lange, gerade und derbe sowie kurze, dünne und nadel- bis borstenartige. Nichtblühende Sträucher fallen wenig auf. Verbreitet auf den Rücken der Braundünen (Nordseeinseln). Lebt andererseits im Bodensee-, Rhein- und Maingebiet auf Kalk- und Gipsböden.
– Dünen, Braundünen

0,5–2 m hoch. Blütezeit Mai bis Juli. Die einzelnen Rosenblüten werden bis 7 cm groß. Die weißen bis rosaroten Blütenblätter sind an ihren äußeren Rändern leicht ausgerandet. Imponierend groß werden die roten, kugeligen Hagebutten. Die dichtverzweigten, sommergrünen Runzelrosensträucher haben Blätter, die an den Oberseiten leicht glänzen, an den Unterseiten graugrün und etwas runzelig sind. Mit langen und starken Stacheln sind die Äste und Zweige dicht besetzt. Die Heimat der Runzelrose ist Ostasien. Im Küstenbereich wird sie seit langem angepflanzt, und hier verwildert sie ständig.
– Küstenbereich

29

Gänsefingerkraut
Potentilla anserina
Rosengewächse
Blütenpflanzen

15–50 cm groß. Blütezeit von Mai bis August. Die schönen, goldgelben, 2 cm großen Blüten stehen einzeln auf langen Stielen. Die Stengel kriechen und wurzeln oft mit langen Ausläufern.
Die Blätter werden bis 20 cm lang; sie bilden Rosetten, die weitgehend auf dem Boden liegen. An den Blättern wechseln große und kleine, tief gesägte Fiederblättchen regelmäßig miteinander ab. Die vielpaarigen Fiedern sind auf den Unterseiten oder auf beiden Seiten mit silbrigen Seidenhaaren dicht besetzt. Völlig kahle Blätter sind eher Ausnahmen. Auf gut durchfeuchteten, nährstoffreichen und verdichteten Böden überall häufig. Da die wärmeliebende Art Salz erträgt, gedeiht sie von den Salzwiesen an bis in die Dünen. Wurde früher als Wildgemüse gegessen; enthält Gerbstoffe.
– Dünen, Strandwiesen; Triften und Anger

Meerkohl, Weißer Meerkohl
Crambe maritima
Kreuzblütler
Blütenpflanzen

25–80 cm hoch. Blütezeit Mai bis Juli; Blüten weiß und zahlreich in sparrigen Rispenästen. Die Früchte sind zweigliedrige, einsamige Schötchen; unverwechselbar ist die Form der Schötchen: Auf einem verkehrt birnförmigen unteren Glied sitzt eine größere Kugel, die den Samen enthält. Blätter groß, blaugrün überlaufen, kahl, am Rande wellig, mit oder ohne Blattstiele. Die Blätter schmecken salzig; sie sind eßbar, in England wird der Meerkohl deshalb als Gemüse angebaut. Verbreitet an den Küsten der westlichen Ostsee, der Dänischen Inseln und des Atlantiks. Im Nordseebereich ist der Meerkohl nur selten zu finden.
– In Geröllen am Spülsaum, Dünen

30

Meersenf	**Wilder Kohl,** Klippenkohl
Cakile maritima	*Brassica oleracea*
Kreuzblütler	Kreuzblütler
Blütenpflanzen	Blütenpflanzen

20–80 cm hoch. Der Meersenf ist eine einjährige, formenreiche Pflanze. Sie blüht von Juni bis Oktober; die Blüten sind an den Enden verzweigter Stengel zu Blütentrauben gedrängt. Blütenfarben variieren: hellviolett; lila, rosa, weiß. Drehrund sind die zweisamigen, zweigliedrigen Schoten, die lange Zeit schwimmen können, da sie durch lufthaltiges Gewebe an der Wasseroberfläche flottieren. Grund- und Stengelblätter graugrün, kahl, dicklich, ungeteilt oder in Doppelfiedern aufgespalten. Verbreitete Strandpflanze der Nordsee- und Ostseeküsten. Bildet innerhalb der Spülsaumgesellschaft oft ausgedehnte Bestände. Charakteristisch: Das obere Glied der Schote hat die Form eines kurzen Dolches.
– Spülsäume, salzige Sandböden

40–120 cm hoch. Der Wilde Kohl blüht von Mai bis Juli, oft noch im September. Lange Trauben intensiv hellgelber Blüten machen die Blütenstände aus. Stengel nur im Bereich der Blütenstände verzweigt. Auffällig die großen Blätter: bläulich überlaufen, kahl, fleischig, ungeteilt und ohne Blattstiele oder kraus eingebuchtet und gestielt. Mittelmeergebiet, Atlantikküsten, im Norden nur bis Helgoland. An Felsküsten Stickstoffanzeiger. Der Wilde Kohl (in Helgoland nördlich des Sportplatzes) ist die Ausgangsform vieler Kulturformen: Grünkohl, Rosenkohl, Wirsing, Weißkohl, Rotkohl, Filderkraut, Blumenkohl, Kohlrabi, Broccoli.
– Felsküsten, Klippen

Löffelkraut	**Stranddreizack**
Cochlearia danica	*Triglochin maritima*
Kreuzblütler	Blumenbinsengewächse
Blütenpflanzen	Blütenpflanzen

2–15 cm lang oder hoch. Die zweijährige Pflanze hat verzweigte, kahle, aufrechte und niederliegende Stengel. Die grundständigen Blätter sind lang gestielt; die efeuähnlichen, fünf- bis siebenlappigen Stengelblätter haben keine Blattstiele. Die unteren Blätter sind herzförmig. Blütezeit: Mai und Juni. Blüten weiß, manchmal rötlich. Die kleinen Blüten stehen in dichten, endständigen Trauben; die Blütenblätter werden 3 mm lang und um 1 mm breit. Die Früchte sind Kugelschötchen. Bei mehr als 0,5% Salzgehalt in den Böden stellt das Löffelkraut sein Wachstum ein. Nordsee- und Ostseeküsten.
– Salzwiesen, Strandwälle

10–100 cm hoch. Der Dreizack ist eine stattliche, auffällige Pflanze der Salzwiesen. Alle Blätter entspringen am Grund, die Stengel sind blattlos. Blätter hellgrün, grasartig, dickfleischig, bis 30 cm lang. Blätter am Grund mit behäuteten Blattscheiden. Blüht von Mai bis August. Die grünlichen Blüten stehen in dichten Trauben; sie sind radiär, zwittrig, mit sechs Blütenhüllblättern. Staubblätter in Sechszahl. Die sechs Fruchtblätter einer Blüte trennen sich zur Fruchtzeit von unten her, sie umschließen jeweils einen Samen. Beim Zerreiben riechen die Blätter nach Chlor. Der unangenehme Geruch verschwindet beim Kochen der Blätter; sie können dann als Gemüse verzehrt werden. Küstenregion der Nordsee und der westlichen Ostsee.
– Salzwiesen

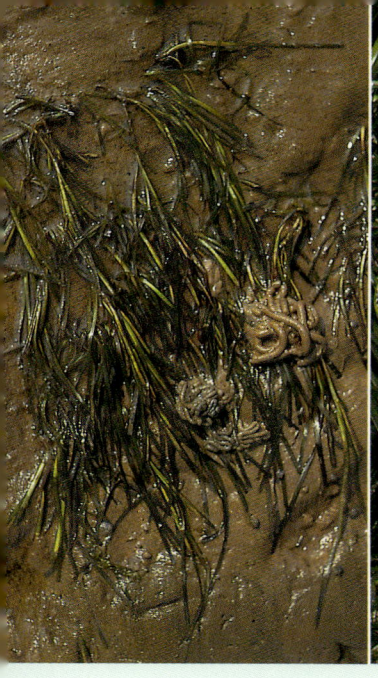 

Zwergseegras
Zostera nana (Z. noltii)
Laichkrautgewächse
Blütenpflanzen

Blätter 20–40 cm lang, nur um 1 mm schmal. Lebt in Deutschland fast nur in der Ostsee (bis Rügen). Die ausdauernde, mehrjährige und grasartige Pflanze hat einnervige, grasgrüne bis schwarzgrüne Blätter. Die sehr einfachen, von Scheiden umschlossenen weiblichen Blüten werden von Schwimmpollen bestäubt. Blüht von Juni bis August. Seegräser sind völlig an das Leben im Meer angepaßt; sie wachsen in Brackwasser nur langsam. Das Zwergseegras lebt in Flachwasserbereichen bis 1 m Tiefe. Nach Stürmen in breiten Säumen angeschwemmt, oft mit den Wurzelstöcken. In Süßwasser ausgewässerte Seegräser wurden als Packmaterial, zur Isolierung, als Matratzenfüllungen verwendet und dem Vieh gefüttert. **A** Blätter 2–3 mm breit, dreinervig: Schmales Seegras, *Z. angustifolia* – Flachwasserbereiche, Schlick- und Schlicksandwatten

Seegras
Zostera marina
Laichkrautgewächse
Blütenpflanzen

Blätter 30–100 cm lang. Untergetauchte, flutende Wasserpflanze mit bandförmigen, 4–9 mm breiten und meistens fünfnervigen Blättern. Blütezeit Juni bis Oktober. Die unscheinbaren, sehr einfachen Blüten ohne Blütenhüllen sitzen als Ähren an flachen Achsen, die zur Blütezeit in die Scheiden der obersten Laubblätter eingeschlossen sind. Von den Knoten kriechender Wurzelstöcke aus entstehen die Schößlinge mit Blüten (sie gehen im Oktober verloren) und winterharte Blätter. Die Blätter sind für Gänse und Enten ein Teil der Winternahrung. Seegraswiesen sind als Laichplätze von Fischen ökologisch sehr wichtig. Zur Zeit wieder in einer Ausbreitungsphase. Verstopft Grundnetze. Bis 10 m Wassertiefe auf Schlick- und Sandböden. In allen nördlichen Meeren. – Seegraswiesen, Schlick- und Schlicksandwatten, am Spülsaum

33

Strandhafer	**Silbergras**
Ammophila arenaria	*Corynephorus canescens*
Süßgräser; Ährenrispengräser	Süßgräser; Rispengräser
Blütenpflanzen	Blütenpflanzen

60–100 cm hoch. Blüht im Juni und Juli. Ährenrispen dicht, weißlich bis gelblich, mit vielen ziemlich kleinen Einzelblüten. Die Blätter sind schmal, um 3 mm breit und meistens als Schutz vor Verdunstung eingerollt. Die kahlen und glatten Blätter hängen meist über, manche berühren mit ihren Spitzen den Sand. Der Strandhafer erträgt und beansprucht weniger Salz als Strandroggen und Strandweizen, er lebt daher auch auf strandferneren, selbst salzfreien Dünen. Pionierpflanze in lockeren Flugsanden, unempfindlich gegen Überschüttungen. Wächst mit den Dünen hoch; sehr lange Ausläufer und bis zu 5 m lange Wurzeln durchflechten den Sand. Zur Sandbefestigung (Küstenschutz) werden Ausläuferstücke angepflanzt. Nord- und Ostseeküsten.

– Dünen, Weißdünen

15–30 cm hoch. Blüht von Juni bis August. Blütenstände fein verästelt. Die intensiv purpurnen Staubbeutel ragen zur Blütezeit weit aus den Blüten heraus. Nach dem Abblühen werden die Blütenstände silbergrau. Blätter zusammengerollt, borstig, graugrün, mit rötlichen Blattscheiden. Ausdauerndes Sandgras, das sehr dichte Horste mit fein verästeltem Wurzelwerk bildet. Meist zusammen mit der Sandsegge. Als Pionierpflanze sandfestigend, obwohl sie aus lockerem Sand noch leicht durch Stürme herausgerissen werden kann. Bildet offene Rasen aus Einzelhorsten, die von Schafen nie angeknabbert werden. Auf Flugsandböden, Heiden, Lichtungen, Ödland im Binnenland. Gedeiht nur auf kalkfreien Sandböden. Nordsee- und Ostseeküsten.

– Dünen

Schlickgras, Bastardgras
Spartina townsendii
Süßgräser; Ährengräser
Blütenpflanzen

30–80 (150) cm hoch. Blüht von Juli bis Oktober. Blütenstände aus 3–6 etwa 10–25 cm langen Ähren; Ährchen 12 mm lang. Blätter robust und starr abstehend; nicht eingerollt: 5–15 mm breit. Das Gras ist ein Bastard der Arten *S. maritima* und *S. alterniflora.* Ausdauernd und typisch für sumpfige, sauerstofffreie Böden der Küstensalzmarschen. Wird in Holland und Deutschland zur Schlickbefestigung angepflanzt. Vermehrung durch Wurzelstöcke und Samen. Die Samenproduktion ist gering (hundert Samen pro Pflanze), die Samen keimen nur in salzigem Boden. Keimlinge haben Blattrosetten mit Blattachselknospen. Diese Knospen entwickeln sich zu weiterknospenden Wurzelstöcken und zu Schößlingen. In einer Saison werden die Schößlinge 20 cm groß. Nordseeküsten.
– Schlickwatt

Strandroggen
Leymus (Elymus) arenarius
Süßgräser; Ährengräser
Blütenpflanzen

60–120 cm hoch. Blüht im Mai und Juni. Blütenähren bis 30 cm lang, um 2 cm dick, mit sehr großen, dreiblütigen Ährchen. Blüten ohne Grannen. Die Blätter sind steif, blaugrün und enden in stechenden Spitzen; um 10 mm breit und meistens nicht eingerollt; Blattoberseiten rauh. Ausdauerndes Gras mit Ausläufern; wächst mit den Dünen hoch, durchflicht den Sand und legt ihn fest. Zur Dünenbefestigung werden im Windschatten der Dünen Ausläuferstücke gesteckt; eine Vermehrung durch Samen erfordert Jungpflanzenanzucht und -ausbringung. Übersandete Teile stellen ihr Wachstum ein. Wichtiges Dünengras der Nordseeküsten, Ostseeküsten und der Inseln; im Binnenland selten.
– Spülsaum bis Weißdünen

35

Binsenquecke, Strandweizen
Agropyron junceum
Süßgräser; Ährengräser
Blütenpflanzen

Andelgras, Salzschwaden
Puccinellia maritima
Süßgräser; Rispengräser
Blütenpflanzen

Halme 30–60 (80) cm hoch. Blüht von Juni bis August. Die Blütenstände des Wilden Weizens sind um 20 cm lang, aufrecht, recht brüchig. Die großen Ährchen mit stumpfen Hüllspelzen stehen ziemlich auseinander. Blätter lang, schlaff, gebogen, 4–8 mm breit und erst an den Spitzen eingerollt. Die dicken Blattadern sind mit vielen Reihen kurzer Haare besetzt. Mehrjähriges, graugrünes Gras mit verzweigten, weit dahinkriechenden Wurzelstöcken und langen Ausläufern. Da das Gras gegen Flugsande unempfindlich ist und viel Salz erträgt, wächst der Strandweizen als Pionierpflanze auf den Vordünen und spielt bei der Entstehung und Erhaltung von Dünen direkt am Meer eine Hauptrolle. Verbreitet an den Nordseeküsten; an den Ostseeküsten seltener.
– Dünen

30–100 cm hoch. Blüht von Juni bis September. Die kleinen, fünf- bis neunblütigen und oft violetten Ährchen stehen zu vielen in einseitswendigen Rispen. Blätter leicht sukkulent, graugrün. Wichtigstes ausdauerndes Gras der Strandwiesen: bildet mit großen Horsten die Andelwiesen. Folgt landeinwärts auf die Quellerbestände, sobald das Land über mittlere Fluthöhe aufgeschlickt ist. Liegende, nichtblühende Triebe, die an den Knoten Wurzeln treiben, machen das Gras zum Neulandfestiger. Der Andel steht als Weide- und Mähgras hoch im Kurs. Sehr überflutungsfest. Strandwiesen der Inseln, der Nord- und Ostseeküsten; weit verbreitet.
– Quellerwatt, Salzwiesen

36

Sandsegge
Carex arenaria
Sauer-, Riedgräser; Seggen
Blütenpflanzen

Strandsimse, Meerbinse
Scirpus maritimus
Sauer-, Riedgräser; Simsen, Binsen
Blütenpflanzen

Die zierliche Segge wird 7–50 cm hoch. Blüht von Mai bis Juli. Ausdauerndes Sauergras mit einem Blütenstand, dessen obere Blüten männlich, mittlere Blüten zwittrig und untere Blüten weiblich sind. Die Blütenstände erscheinen durch Tragblätter hell- oder dunkelbraun. Stengel dreikantig. Blätter blaugrün, rauh und starr. Ausläufer der Pflanzen kriechen weit dahin; *Carex arenaria* bildet daher keine Rasen, sondern meterlange, fast schnurgerade Zeilen (Nähmaschinensegge!). Wächst auf Sand der Dünen und Marschen; erträgt Salzwasserspritzer, aber nicht Überschwemmungen der Wurzelzonen. Inseln, Nord- und Ostseeküsten. Weit verbreitet.
– Dünen; sandige Heiden, Kiefernwälder

Die starr aufrechten Stengel werden 30–120 cm hoch. Die ausdauernde Simse blüht im Juni und Juli. Die Blütenstände setzen sich aus endständigen, kopfigen und braunen Ährchen zusammen. Ährchen nach der Blüte ohne Wollschöpfe wie zum Beispiel beim Wollgras (*Eriophorum*). Blüten klein, lediglich Borsten oder Haare machen die Blütenhüllen aus. Die Hüllblätter (Tragblätter) mit Stachelspitzen überragen die Blütenstände weit. Stengel scharf dreikantig. Die Blätter sind in drei Zeilen angeordnet, ihre Blattscheiden geschlossen. Charakterpflanze sandiger Strände und von Kiesstränden mit lehmigem Untergrund. Nordsee- und Ostseeküsten.
– Sandstrände und Kiesufer

37

Kleine Röhrenalge	**Meersalat**
Blidingia minima	*Ulva lactuca*
Flächenalgen *(Ulvaceae)*	Flächenalgen *(Ulvaceae)*
Grünalgen	Grünalgen

Lager der kleinen Grünalge gelbgrün, 1–6 cm hoch. In den bis 3 mm breiten Lagern (Thalli) liegen die Zellen ohne weitere Ordnung. An ihrer Basis sind die Lager sehr schmal und röhrig, nach oben flachen sie sich ab und verbreitern sich wellig und gewunden. In den Endteilen der meist unverzweigten Lager bilden sich häufig Gasblasen. Nach dem Ausschwärmen von Zoosporen verlieren die Lager ihre frische Farbe und werden weißlich. Lebt mit Darmalgen (*Enteromorpha*) vergesellschaftet. Weit verbreitet an der Hochwasserlinie auf Felsen und Steinen. Die Algen bilden einen auffälligen, pelzigen Gürtel zwischen Spritzwasserzone und Flutmarke. Nordsee (Helgoland), Ostsee, Atlantik. Im Mittelmeer kommen *Blidingia*-Arten nicht vor.
– An Steilküsten, Felsen

Lager (Thallus) blattartig flach, unregelmäßig, 10–80 cm lang. Zellgewebe aus zwei Zellschichten, im Unterschied zum einschichtigen *Enteromorpha*-Thallus. Junge, hellgrüne Lager sind mit Haftscheiben und Wurzelfäden an Steinen und anderen Algen befestigt. Ältere „Blätter" sind derber und dunkler, sie liegen unbefestigt auf dem Meeresboden. Angespülte Thalli enden als ausgebleichte, papierartige Fetzen. In der Bretagne und in Skandinavien wird der Meersalat gegessen. Aus den randlichen Zellen, die sich durch höhere Carotingehalte von den zentralen Zellen absetzen, entstehen bei diploiden „Sporophyten" haploide, viergeißelige Zoosporen, oder bei haploiden „Gametophyten" zweigeißelige Gameten. Ein Meersalatblatt kann dreierlei sein: neutral, weiblich oder männlich. Ostsee bis Mittelmeer; häufig.
– In den Gezeitenzonen und angespült

 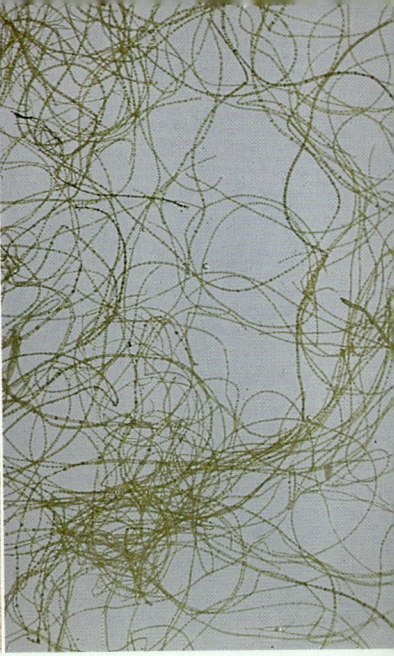

Darmalge
Enteromorpha compressa
Flächenalgen (*Ulvaceae*)
Grünalgen

Borstenhaar
Chaetomorpha linum
Astalgen (*Cladophoraceae*)
Grünalgen

5–30 cm lang. Die dunkelgrünen, meist nicht verzweigten Algenkörper bilden bandförmige, abgeflachte, innen hohle Lappen. Die Ränder der aus einer Zellenlage bestehenden Röhren sind gewellt. Der Basis zu verschmälern sich die Lappen. Trocknende Thalli rollen sich zusammen. Die drei häufigsten *Enteromorpha*-Arten (*E. compressa, E. linza* und *E. intestinalis*) sind nur mikroskopisch auseinanderzuhalten, durch den Vergleich der Zellformen. Wächst in der Uferzone auf Steinen und Holz, im Wattenmeer auf siltbedeckten Flächen, an verschlammten Küstenabschnitten, an Felsen in Bereichen, an denen Süßwasser herabrieselt. Bei Ebbe als grüner Saum um trockengefallene Steindämme und Felsen. Oft in Massen angespült. *E. intestinalis* lebt massenhaft im Brackwasser und selbst im Süßwasser (Bodensee). – Gezeitenzone

Die 15–30 cm und mehr langen Thalli der Art bestehen aus hellgrünen bis fast schwarzen Zellketten. Die Zellen der unverzweigten, steifen und der Spitze zu dicker werdenden Fäden sind 0,2–0,4 mm lang. Man kann die Einzelzellen bereits ohne Lupe erkennen. Einschnürungen an Querwänden gliedern die Fäden in kettenartige Abschnitte. Jeder Abschnitt ist aus einer Mutterzelle durch Zellteilungen und Wandbildungen hervorgegangen. Die Fäden wachsen in Büscheln in der Gezeitenzone an Steinen, Mauern und in Mulden. Im Spätsommer vor allem flottieren die Fäden häufig als verworrene Watten bei Niedrigwasser in Restwasserlachen. Von fünf Arten ist *Ch. linum* in der Nordsee, Ostsee und im Atlantik die häufigste Form. – Im Watt **A** Rasen aus dunkelgrünen, buschigen Pinseln (Zellfäden verästelt) bildet die Felsenalge *Cladophora rupestris.*

Brauner Gliedertang	**Zottige Meersaite**
Scytosiphon lomentaria	*Chorda tomentosa*
Hohltange (*Scytosiphonaceae*)	Peitschentange (*Chordaceae*)
Braunalgen, Tange	Braunalgen, Tange

10–40 cm hoch, 1–5 mm dick. Nicht verzweigte Braunalge mit hohlem, rundem Röhrenthallus. Auffällig sind Einschnürungen, die den Thallus in ungleiche Abschnitte gliedern. An der Basis und am oberen Ende läuft der Thallus in Spitzen aus. Die olivbraune Farbe wird durch aufsitzende Kieselalgen der Gattungen *Licmophora, Synedra, Achnanthes, Cocconeis, Navicula* und *Pleurosigma* mitbedingt. Die zentralen Zellen der Lager sind riesig groß; die sehr kleinen, peripheren Rindenzellen enthalten die Assimilationspigmente. Chlorophyll a und Fucoxanthin sind die Hauptpigmente der Braunalgen, der Tange. Die Art ist einjährig, sie lebt in der Gezeitenzone und tiefer auf Felsen, Steinen und epiphytisch auf anderen Tangen; am häufigsten im Frühsommer. Nordsee (Helgoland), westl. Ostsee, Atlantik, Mittelmeer.
– In Gezeitentümpeln, angespült

Bis über 1 m lang, 3–4 mm dick. Lager drehrund, wird der Basis und dem oberen Ende zu dünner. An der Basis eine kleine Haftscheibe. Die Thalli sind völlig unverzweigt, etwas schleimig, gelbbraun bis olivbraun. Wirtel goldener Haare verleihen dem Tang ein zotteliges Aussehen. Einjährige Art, die periodisch auftritt. Auf Felsen, Steinen, Sand. Nordsee (Helgoland), Ostsee, Atlantik. Häufig in Massen angetrieben.
– Am Spülsaum, in der unteren Gezeitenzone.
A 1 Bis 4 m lang, drehrund, glatt, hohl, unverzweigt: Glatte Meersaite, *Chorda filum.* Auf Steinen und Muschelschalen im Sand oft dichte Bestände. Nordsee (Helgoland), Ostsee, Atlantik.
A 2 10–40 cm hoch, 1–2 mm dick, knorpelig, unregelmäßig verzweigt, dunkelbraun: Geißeltang, *Chordaria flagelliformis* (Familie Geißeltange).

40

Zuckertang	**Fingertang**
Laminaria saccharina	*Laminaria digitata*
Krallentange (*Laminariaceae*)	Krallentange (*Laminariaceae*)
Braunalgen, Tange	Braunalgen, Tange

1–4 m lang, 10–30 cm breit. Der Tang gliedert sich in ein Haftorgan, einen 10–40 cm langen Stiel und einen breiten, glänzenden, lederartigen, dunkelbraunen Lappen. Die Lappen sind flach (Helgoländer Zuckertange) oder haben faltig gewellte Randsäume mit höckrigen Erhebungen (Atlantik). Die aus der Stammbasis herauswachsenden Krallen haften sehr fest an den Unterlagen. Der Tang bildet untermeerische Wälder auf Felsoberflächen oder liegt als loser, ineinanderverkrallter Bewuchs auf Sanden. Als „Unterholz" im Laminarienwald leben viele Rotalgen. Lebt ständig untergetaucht und liegt nur bei extremem Springtidenniedrigwasser trocken. Aus Laminarien, *Ascophyllum* (S. 44) und anderen Tangen werden Alginsäure und Alginate gewonnen. Sie bilden ungiftige, hochviskose Gele (in Speiseeis, Schmelzkäse, Hautcremes). – Am Spülsaum

1–2 m lang, 30–50 cm breit; Stiele 10–40 cm lang, 1–2 cm dick, glatt, biegsam. Die Haftkrallen verzweigen sich und sind an den Enden zu Saugnäpfen verbreitert. Vom Winter bis Sommer schiebt die Zone zwischen Stiel und Blatt neue Zellen nach, um die Verluste an den Enden der Blattstreifen (durch Wellenschlag und mechanische Beanspruchung) zu kompensieren. Lebt auf Felsen und Steinen im Sublitoral in dichten Beständen, fast immer in Gesellschaft mit **A** Palmentang, *Laminaria hyperborea:* 0,5–1,5 m lang, 40–60 cm breit; Stiele 30–120 cm lang, unten bis 5 cm dick, rauh, starr. Blatteil wenig höher als der Stiel. Blatteil geschlitzt, an seiner Basis liegt die Wachstumszone, aus der jedes Jahr ein neuer Blattkörper hervorgeht. Das alte „Laub" wird dann dunkel, faserig und abgeworfen. Nordsee (Helgoland), westliche Ostsee, Nordostatlantik. – Spülsaum

Sägetang	**Spiraltang**
Fucus serratus	*Fucus spiralis (F. platycarpus)*
Ledertange (*Fucaceae*)	Ledertange (*Fucaceae*)
Braunalgen, Tange	Braunalgen, Tange

20–60 (80) cm hoch, 1–4 cm breit. Die Thalli des Sägetangs sind mehrfach gabelig verzweigt, abgeflacht, durch Mittelrippen versteift, lederig, an den Rändern scharf gesägt und mit einer Haftscheibe (nicht Krallen) befestigt. Die Art bildet keinerlei Schwimmblasen aus. Die Streifen wachsen an den Spitzen weiter, im Monat um 2–3 cm. Auf den Gabelästen sind sterile, weiße Haargruben verstreut. Fruchtbare, fertile Thallusteile an den Enden (Rezeptakeln) sind 1–5 cm lang, warzig, gelbbraun. In den Rezeptakelregionen sind kleine Hohlräume (Konzeptakeln) eingesenkt, in denen Keimzellen (Gameten) entstehen. Männliche und weibliche Gameten kommen beim zweihäusigen Sägetang von getrennten Lagern. Auf Felsen, Steinen, in Häfen. Nordsee (Helgoland), westliche Ostsee, Südgrenze im Atlantik ist die Biscaya. – Am Spülsaum; untere Gezeitenzone

10–40 cm hoch, Gabeläste 1–3 cm breit. Die Thalli der mehrjährigen Art sind unten rund, oben regelmäßig gabelig verzweigt und abgeflacht. Mittelrippen deutlich; Bandränder glatt, im Unterschied zum Sägetang. Die Art bastardiert zwar mit anderen *Fucus*-Arten, bildet jedoch nie Schwimmblasen aus (nicht mit Rezeptakeln verwechseln). Über den Thalli dicht verteilt liegen Gruben mit sterilen Haaren. Sehr schleimig und kugelig sind die Rezeptakeln, die fertilen Thallusspitzen. Die dort eingesenkten Konzeptakeln der einhäusigen Art bilden sowohl weibliche wie männliche Gameten (bei Tangen nicht Eier und Spermien, sondern Oogonien und Antheridien genannt, da auch die weiblichen Fortpflanzungszellen Geißeln tragen). Auf Felsen, Steinen, in Hafenanlagen. Verbreitung: siehe Sägetang. Häufig; erträgt langes Trockenfallen. – Am Spülsaum; obere Gezeitenzone

Blasentang	**Rinnentang**
Fucus vesiculosus	*Pelvetia canaliculata*
Ledertange (*Fucaceae*)	Ledertange (*Fucaceae*)
Braunalgen, Tange	Braunalgen, Tange

20–70 cm hoch, Gabelbänder 0,5–2 cm breit. Olivbraun, gabelig verzweigt. Thalli mit glatten Rändern und deutlichen Mittelrippen. Von den beiden vorigen *Fucus*-Arten unterscheidet sich der Blasentang durch ovale oder kugelige Gasblasen, Schwimmblasen, die oft paarweise links und rechts der Mittelrippen liegen. Die Hohlgebilde sind mit Luft gefüllt und halten die Thalli im Wasser aufrecht. Einzelne Formen bleiben ohne Gasblasen. Befestigung am Untergrund mit Scheiben an den Basen. Vegetative Vermehrung oft durch abgerissene Sproßteile. Rezeptakeln an den Enden seitlicher Verzweigungen treten gegen Ende des Winterhalbjahres auf. **B** Speicherprodukte und Kondensate der Glukose sind, wie bei allen Braunalgen, Mannit und Laminarin. Nordsee (Helgoland), Ostsee, an den Atlantikküsten Europas südlich bis zur Biscaya. – Am Spülsaum

10–15 cm hoch, Gabelbänder 3–5 mm breit. Thalli büschelig, gabelig verzweigt. Die Gabelbänder rollen sich an den Kanten hoch, wodurch Mittelrinnen entstehen (ohne deutliche Mittelrippen, Haargruben und Schwimmblasen). Lebend hellbraun bis olivbraun; an- und eingetrocknet dunkel bis schwarz. Wächst sehr langsam. Auf Felsen und an Geröllküsten der westlichen Ostsee und des Nordatlantiks (südlich bis Portugal) weit verbreitet; kommt auf Helgoland nicht vor. **B** Das Gewebe des Rinnentangs wird regelmäßig von einem Schlauchpilz (*Mycosphaerella ascophylli*) infiziert. Wie in allen Großtangen werden in *Pelvetia* Spurenelemente aus dem Meerwasser angereichert (Titan, Zink, Nickel auf das um Tausendfache): für Schafe sind größere Mengen Tang kein ideales Futter.
– Spülsaum; oberste Gezeitenzone

Knotentang	**Japanischer Beerentang**
Ascophyllum nodosum	*Sargassum muticum*
Ledertange (*Fucaceae*)	Beerentange (*Sargassaceae*)
Braunalgen, Tange	Braunalgen, Tange

50–150 cm hoch, Hauptachsen 10–15 mm dick. Thalli rundlich, unregelmäßig verzweigt, grünlichbraun gefärbt, ohne Mittelrippen und ohne Haargruben. An den Hauptachsen treiben abgeflachte, kurze Seitenzweige ohne jede erkennbare Regelmäßigkeit. In den Achsen große, ovale, einzelne Schwimmblasen. An den Schwimmblasen der Achsen läßt sich jeweils ihr Alter ablesen: jährlich wird nur eine Blase gebildet. Rezeptakeln bildet die zweihäusige Art nur im Frühjahr aus. Auf Felsen häufig in der Nordsee (Helgoland) und im Nordatlantik. Oft in Mengen an den Stränden angetriebene Exemplare werden schwarz und hornig. **B** Auf den Enden der Achsen wächst regelmäßig als Aufsitzer (Epiphyt) die Wollige Pinselbüschelrotalge (*Polysiphonia lanosa*), eine 4–8 cm große, starre Alge (s. S. 50). – Am Spülsaum; in der mittleren Gezeitenzone

Bis 3 m lang, Hauptachse 4 mm dick. Neben den Meerbaumtangen (acht Arten der Gattung *Cystoseira* im Mittelmeer) haben unter den Tangen die Beerentange die komplexeste Morphologie. Der Japanische Beerentang wurde mit Austernkulturen von Japan nach Nordamerika und an die Kanalküsten eingeschleppt; er breitet sich zur Zeit weiter aus. Von den Langsprossen (Hauptachsen) aus zweigen dicht gegabelte Kurzsprossensysteme ab; die Seitenzweigsysteme enden mit 3–8 mm langen „Tragblättern" und Ästchen, die 2–3 mm kleine Kugelgasblasen als Anhänge tragen. Man spanne die Hauptachse einer gestrandeten Pflanze aus: die Seitenzweigsysteme hängen wie Wäsche auf der Leine herab. **B** Beerentange der warmen Meere (Beispiel Sargasso-See) treiben in zahllosen Büscheln, die sich vegetativ vermehren, frei im Meer. – Spülsaum

44

Purpurrotalge	**Gabelrotalge**
Porphyra umbilicalis	*Furcellaria fastigiata*
Häutchenrotalgen (*Bangiaceae*)	Gabelrotalgen (*Furcellariaceae*)
Rotalgen	Rotalgen

10–30 cm Umfang. Lager flach, blattartig, gelappt und wellig-faltig; aus nur einer Zellenlage aufgebaut. Ein Haftfortsatz am Ausgangspol der einzelnen Lagersektoren befestigt die Alge auf Gestein, Holzwerk, anderen Algen. Die Randlappen überdecken sich teilweise, oft sind sie zerschlitzt und eingerissen. Im Aussehen ähnelt die Alge dem Meersalat; die Färbung jedoch ist anders: lilarötlich, rotbraun, graugrün, gelblich. Die Chloroplasten der Rotalgen enthalten neben Chlorophyll a und Karotinoiden Phycoerythrin (karminrot; absorbiert blaues, grünes und gelbes Licht) und Phycocyan (indigoblau; absorbiert grünes, gelbes und rotes Licht). Diese Farbstoffe ermöglichen es den Rotalgen, bis in 100 m Tiefe zu leben. *Porphyra*-Arten werden auf Netzen als Nahrungsmittel gezüchtet (Philippinen, Japan).
– Im Felswatt, obere Gezeitenzone

10–20 cm hoch, 0,5–3 mm dick. Lager drehrund, fest, aufrecht, dunkelrot. Trocknende Stücke werden tiefschwarz. Die Thalli gabeln sich wiederholt sehr regelmäßig, die Spitzen aller Achsen enden auf ungefähr gleichen Höhen. Endzweige erscheinen zum Teil aufgetrieben: Sie umschließen die Vermehrungsorgane. Wächst auf steinigem Sandgrund, auf Felsen und in Mulden (Gezeitentümpel). In Dänemark wird aus zusammengespülten Büscheln Dan-Agar hergestellt. Dan-Agar ersetzt das chemisch ähnliche Pektin in Gelees, Marmeladen, Kompotten, Suppen, Aspik und Kondensmilch. Nordsee (Helgoland), Ostsee, im Atlantik südlich bis zur Biscaya.
– Im Felswatt; in der mittleren und unteren Gezeitenzone

45

Kammrotalge	**Knorpelrotalge,** Irisches Moos
Plocamium cartilagineum	*Chondrus crispus*
Zentralfadenrotalgen	Fächerrotalgen
(*Plocamiaceae*)	(*Gigartinaceae*)
Rotalgen	Rotalgen

5–15 cm groß. Eine ihrer Zierlichkeit und Schönheit wegen auffallende Rotalge. Die karminroten Thalli sitzen mit einem faserigen Haftorgan fest. Die unteren Achsen werden kaum über 1 mm dick. Viele Fiederästchen sitzen auf den Achsen und wechseln recht akkurat in Gruppen die Richtungen (links oder rechts an den abgeflachten Achsen). Die Fiederäste selbst sind an einer Kante mit Kleinästchen besetzt. An den Rändern der Thalli sitzen verstreut die Geschlechtsorgane. An den Spitzen der Achsen sind große Scheitelzellen (Wachstumszellen) gut zu sehen. Lebt in verschlungenen Massen auf Steinen, Schalen und Tangen. Nordsee (Helgoland), westliche Ostsee, Nordatlantik.
– Am Spülsaum; unter der Niedrigwassermarke im Felswatt

3–15 cm hoch. Die Art hat durch ihr knorpelig derbes, tiefgeteiltes und krauses, fächerförmig ausgebreitetes Laub vielfältige Lagerformen. Die Thalli sind mehrfach gabelig und violettbraun gefärbt. Beim Trockenfallen erscheint die Alge gelblich; unter Wasser irisiert sie in Blautönen. Die Verzweigungen breiten sich flächig aus oder kräuseln dicht zusammen. Netz- und Sternzellen machen die Innenkörper, kleinzellige Zellfäden dicht bei dicht die Haut der Fächer aus. An kanadischen Küsten lohnt die Ernte der Algen: Aus ihnen wird Carragheen, ein Polysaccharidkomplex der Zellwände, extrahiert. Nach Zusatz von Kaliumchlorid gelieren die Carragheene und werden zur Stabilisierung von Emulsionen verwendet (Sahnen, Puddings, Biere, Arzneien). Häufig.
– Im Felswatt; untere Gezeitenzone

Krustenrotalge
Hildenbrandia rubra
Krustenrotalgen
(*Hildenbrandiaceae*)
Rotalgen

Korallenmoos
Corallina officinalis
Kalkrotalgen
(*Corallinaceae*)
Rotalgen

0,2–0,5 mm „dick". Die dünnen, derben Lager wachsen direkt auf ihren Unterlagen (Felsen, Steine aller Größenordnungen, Muschelschalen, Schalenbruch) und bestehen aus kurzen, dicht zusammengeschlossenen Senkrechtreihen kleiner Zellen. Alle Teile der Alge bleiben unverkalkt. Die unregelmäßigen Krusten sitzen verblüffend fest auf ihren Unterlagen; lokale Gegebenheiten begrenzen Größe und Umrisse. Färbung: braunorange bis blutrot. Von weidenden Schnecken herausgeraspelte Streifen werden rasch vollständig und ohne Wundspuren ergänzt. Geschlechtszellen in eingesenkten Konzeptakeln. Nordsee (Helgoland), Ostsee; kosmopolitisch, weltweit. **A** Eine verwandte Art, *Hildenbrandia rivularis,* lebt im Süßwasser in Reinwasserzonen von Bächen.
– Im Felswatt

2–8 cm hoch, Einzelachsen 1 mm dick. Die zierlichen Thalli stehen büschelig in einer Ebene, aufrecht, feinfiederig verzweigt und gegliedert. Die Einzelachsen sind drehrund oder flach zusammengedrückt. Seitenzweige unregelmäßig lang, oft überragen sie die Hauptachse. Farben: blaßrosa, grau, grauviolett. Formen des tieferen Wassers sind intensiv purpurrot. Untereinander sind die einzelnen Glieder durch Gelenkfäden verbunden; die Glieder selbst sind durch Kalk- und Dolomiteinlagerungen steinhart. Die assimilierenden Deckzellen verkalken nicht. Geschlechtsorgane in krugförmigen „Konzeptakeln" an den Enden der Sproßglieder eingesenkt. Mehrjährige Art. Erträgt starke Brandung nicht. Nordsee (Helgoland), in der Ostsee in größeren Tiefen, Atlantik, Mittelmeer.
– In Gezeitentümpeln

Kalkkrustenrotalge	**Schnurrotalge**
Lithothamnium lenormandi	*Dumontia contorta*
Kalkrotalgen (*Coral'linaceae*)	Spitzenrotalgen (*Dumontiaceae*)
Rotalgen	Rotalgen

0,5–2 cm hoch. Krustenförmige Art mit verkalkten Zellwänden und Gallerten. Die Kalkinkrustierungen sind ein Schutz vor weidenden Schnecken. Die sehr unregelmäßigen Lager erreichen einen Durchmesser von 10–15 cm. Sechs bis acht horizontale Zellschichten und darauf bogig abstehende, kompakte Zellreihen machen die Lager aus. Die Oberfläche ist glatt oder schuppig; kleine Wärzchen sind Geschlechtsorgane. Die Farben variieren: rosa, rotviolett, grau. Charakteristikum der Art sind ihre weißen Randsäume. Aufeinandertreffende Lager kräuseln an der Berührungsfront ihre Ränder hoch. Auf Gesteinen und in Mulden großflächige Überzüge. Nordsee (Helgoland), westliche Ostsee, Atlantik, Mittelmeer. Wächst im Mittelmeergebiet in Meeresgrotten bis 2 m über dem Wasserniveau. – Im Felswatt; in der mittleren und unteren Gezeitenzone

10–40 cm lang, Achsen 1–4 mm dick. Die mit keiner anderen Rotalge verwechselbare Art hat knorpelige, gummiartige, braun bis schwarzrote Thalli. Die Hauptachse verzweigt sich unregelmäßig; die Seitenzweige, drehrund oder zusammengedrückt, überragen die Hauptachse oft um ein Vielfaches. Die basalen Teile der Alge sind hohl. Eine kleine Haftscheibe verankert die Thalli. Wachstumszonen sind die Enden der Seitenzweige. Am häufigsten im Frühsommer. Nordsee (Helgoland), westliche Ostsee, Atlantik. – Im Felswatt, auf Sand; in der mittleren Gezeitenzone

Hornrotalge	**Roter Seeampfer**
Ceramium rubrum	*Delesseria sanguinea*
Zangenrotalgen (*Ceramiaceae*)	Gefäßrotalgen (*Delesseriaceae*)
Rotalgen	Rotalgen

5–25 cm hoch. Thallus aus drehrunden, weichen, schlüpfrigen, dunkelroten bis gelblichgrünen Fäden. Die Achsen verzweigen sich vielmals gabelig und werden nach oben zu dünner. Die zahlreichen jungen Gabelästchen enden mit gekrümmten Zangen. Zentralachsenzellen sehr groß; kleine Rindenzellen umhüllen die Achsen vollständig. Jeder Zentralzellenabschnitt entwickelt an seinem oberen Pol einen Wirtel verästelter Kurztriebe, die jeweils zu einem Ring auf der Rinde zusammenliegen. Diese Ringe gliedern die Achsen in Segmente. Auf den Fäden siedeln Kieselalgen in Mengen. Generationswechsel der einjährigen Art kompliziert. Häufig in Gezeitentümpeln und oft am Ufer zusammengetrieben. Nordsee (Helgoland), Ostsee, Atlantik, Mittelmeer.
– Im Felswatt, auf Tangen am Spülsaum; in der unteren Gezeitenzone

Blätter 10–25 cm lang, 3–10 cm breit. Der Rote Seeampfer wird durch Stürme oft in Mengen angetrieben und ist eine unverkennbare Form unter den Rotalgen. Die blutroten Thalli haben knorpelartige, zylindrische Basalteile, von denen aus häutige, einschichtige und gestielte Blattflächen abgehen. Junge Blätter haben glatte Ränder; bei älteren und angetriebenen Exemplaren sind die Ränder meist wellig und eingerissen, die Blattflächen zerschlitzt. Von den stabilen Mittelrippen der Blätter laufen Seitenrippen bis fast an die Ränder. Zerschundene Blattkörper werden im Frühjahr von den überdauernden Mittelrippen aus regeneriert. Aufgezogene Thalli sind hübsche Dekorationsstücke. Mehrjährige Art; lebt auf Gesteinen und epiphytisch auf Tangen. Nordsee, westliche Ostsee, Europäische Atlantikküsten. – Am Spülsaum; im Felswatt: unterhalb der Gezeitenzone

Flügelseeampfer
Membranoptera alata
Gefäßrotalgen *(Delesseriaceae)*
Rotalgen

Pinselbüschelrotalge
Polysiphonia violacea
Büschelrotalgen *(Rhodomelaceae)*
Rotalgen

5–20 cm hoch, Abschnitte 2–5 mm breit. Der purpur- bis dunkelrote Thallus wirkt als Ganzes wie ein Büschel, das häutige, abgeflachte, recht feste Abschnitte umfaßt. Der Stiel verzweigt sich mal unregelmäßig, mal gabelig und läuft als Mittelrippe in alle Verzweigungen hinein. Die Mittelrippen wiederum geben fiederige Seitennerven ab, die schräg in die Flügelsäume laufen. An ihren Enden sind die Zungen abgerundet. Die Art ist mehrjährig und sehr formenreich. Lebt auf Felsen, Steinen und größeren Algen. Nordsee (Helgoland), Ostsee, Europäische Atlantikküsten.
– Am Spülsaum; im Felswatt unterhalb der Gezeitenzone

8–12 cm hoch, Stammfäden 2–3 mm dick. Junge Thalli erscheinen purpurrot und fühlen sich glitschig an. Ältere Thalli verfärben sich braunrot und werden „trocken". Die Hauptachsen verzweigen sich, die Seitenzweige wiederum sind nach allen Seiten mit feineren Seitenästchen besetzt. Große Zentralzellen mit jeweils einer Nebenzelle gliedern die größeren Stammfäden in gut sichtbare Partien. Zur Gattung *Polysiphonia* (Pinselbüscheltypen) gehören mehrere Arten, die nebeneinander in der mittleren und unteren Gezeitenzone leben. Die Art ist mehrjährig; die Hauptachse und die Seitenzweige wachsen an den Spitzen periodisch weiter. Häufig und oft angespült. Nordsee (Helgoland), Ostsee, Atlantik. **A** Sehr zart, weich und biegsam, 10–20 cm hoch: Zarte Pinselbüschelrotalge, *Polysiphonia urceolata*.
– Am Spülsaum; im Felswatt

50

Deichvorland

Die Deiche und das Deichvorland werden auf vielen Abschnitten als Weiden für Pferde, Rinder und Schafe genutzt (oberes Bild). Von der Beweidung sind die Pflanzen der höheren Salzwiesenzonen (Schwingelzonen) am auffälligsten betroffen: Strandaster, Melden und Dreizack werden bis zur Unkenntlichkeit verbissen und gerupft. Die Verbisse durch Schafe sind größer als die durch Rinder. Durch Beweidung nicht geschädigt werden Milchkraut, Strandwegerich, Salzspärkling und Löffelkraut; sie gedeihen gut. Im Überflutungsbereich werden die Andelwiesen durch Trittstreifen des Viehs zerteilt und damit weniger sturmflutenfest. Salzgräser breiten sich bei intensiver Beweidung aus. Von den Pflanzen der Hellerwiesen leben über 400 Insektenarten (z. B. von Strandastern 25, vom Andelgras 20); mit der Beweidung geht die Vielfalt der Insekten zurück.

Extensive Beweidung und Teilmahden (einmal im Jahr) mindern die Vielfalt der Pflanzen- und Tierarten nicht; Wiesenvögel können brüten, Gänse sich gut ernähren. Unterbleibt in Naturschutzgebieten (unteres Bild) jede Nutzung der Hellerwiesen entwickeln sich landwärts Strandaster, Strandbeifuß, Melden und Dreizack bis 1,5 m hoch. In den hohen Beständen können Säbelschnäbler, Rotschenkel und Austernfischer nicht mehr brüten. Nicht beweidete, durch Gräben dränierte und durch Lahnungen (Dämme) verbaute Salzwiesen (Hellerwiesen) sind ein spezifisches und einmaliges Ökosystem. Ungestörte Hellerwiesen haben als Ablagerungsflächen von Detritus des Flutwassers wichtige Reinigungsfunktionen; sie sind der Lebensraum von 1650 über 1 mm großen Tierarten (Makrofauna), wovon 800 Arten nur in den Salzwiesen leben.

51

Kieselalgen,
Diatomeenrasen
(*Bacillariophyceae*)

Bei Niedrigwasser liegt auf dem Watt ein goldbraun schimmernder Belag aus Kieselalgen der Gattungen *Gyrosigma, Navicula, Nitzschia, Pleurosigma, Pinnularia, Stauroneis* und *Surirella*. Bis eine halbe Million Diatomeen leben auf einem cm^2. Diese riesigen Mengen von Kleinalgen sind Primärproduzenten und Nahrungsbasis für viele Würmer, Krebse, Schnecken und Muscheln. Bei Flut werden die beweglichen Formen zum Teil verspült, durch Schleime bleiben die meisten an ihrem Sandkorn kleben und können sich später hochschieben. Außerdem vermehren sich die Algen so schnell, daß zwei Stunden nach Ebbe und Sonne die bräunlichen Flecken der Diatomeen und grüne von Augenflagellaten wieder flächendeckend sind.
Im Schlickwatt-Salzwiesenübergang bildet die fädige, unglaublich widerstandsfähige Blaualge *Lyngbya aestuarii* pechschwarze Beläge.

Spuren der Wattschnecken
(*Hydrobia ulvae*;
s. S. 86)

„Unzählige" millimetergroße Löcher am Rande des Schlickwatts (bis 100 000 auf einem Quadratmeter) verraten bei Niedrigwasser die im Sediment eingewühlten Wattschnecken.
Schleimige Kriechspuren führen zu den Schlupflöchern und geben ein Bild von den Weidegängen der Wattschnecken beim Einsetzen der Ebbe: Sie grasen mit winzigen Raspelzungen (Radulae) Kieselalgen und Blaualgen von den Oberflächen ab. Die schleimigen Spurenmuster und auf ihnen abgesetzte verkittete Kotkügelchen sind ein Beitrag zur Bindung des Schlicks. Steigt das Wasser wieder, werden die Wattschnecken anders aktiv: Unter der Wasseroberfläche treibend fangen sie mit klebrigen Schleimbändern Plankton ein. Nordsee, Ostsee, Atlantik, Mittelmeer.
– Schlickwatt

Spuren des Wattwurms
(*Arenicola marina*; s. S. 75)
Sackungstrichter und Kothäufchen

Spuren des Fadenringelwurms
(*Heteromastus filiformis*; s. S. 75)
Schwarze Kotpillen, Kotkügelchen

Im Wattenmeer bei Niedrigwasser verraten feuchte Kotschlangen und Kothaufen, in welch riesigen Mengen die Würmer die Wattflächen besiedeln.
Ein Wohnbau wird mehrere Monate lang benutzt, er ist Schutzbau und Fanggerät zugleich: Mit Schleim austapeziert sind die Wände eines L-förmigen Wohnrohres; im waagerechten Teil, bis zu 25 cm tief im Boden, liegt der Wurm die meiste Zeit; etwa alle vierzig Minuten steigt er rückwärts den senkrechten Teil empor und entleert den Darm. Im waagerechten Teil werden im Sandstrang ständig nachrutschende Partikel abgelutscht und gefressen. Von hinten nach vorne über den Körper wandernde Peristaltikwellen ziehen einen Wasserstrom unter dem Kot hinweg in die Röhre: Bei Flut erhält der Wurm Atemwasser und Plankton, das vor dem Kopf im Sandfilter hängenbleibt und verzehrt werden kann. Nordsee, Ostsee.
– Watt

1 mm groß, oval, von Schleim umgeben. Im Watt und an Prielgleithängen, nie auf reinem Sand, fallen kleine schwarze Kotkügelchen, immer in Scharen, auf. Die schwarze Farbe rührt von Eisensulfid her, das aus den sauerstofflosen Zonen im tieferen Schlick stammt. Die nur einen Millimeter dicken Erzeuger, Fadenringelwürmer, legen im Boden weitverzweigte und mit Schleimtapeten stabilisierte Freßgangsysteme an. Zur Kotabgabe und um frisches Atemwasser zu pumpen kommen sie bei Flut, das Hinterende mit verbreiterter Lappenanhängen (Parapodien) voran, in senkrecht nach oben gehende, 20–30 cm lange Gänge. Bei ruhigem Wetter bleiben die Kotpillen der Substratfresser (organische Partikel) einige Zeit an der Oberfläche liegen, mit aufkommendem Wasser verschwimmen sie. Nordsee.
– Watt

53

Spuren des Wattkrebses
(Schlickkrebs)
(*Corophium volutator*; s. S. 80)
Sternförmige Kratzspuren

Spuren ungefähr 1 cm im Durchmesser. Die Schlickkrebse strecken zur Nahrungsaufnahme ihre zweiten Antennenpaare aus den Mündungen ihrer Gänge und kratzen, harken von allen Seiten Sediment in die Gänge; die Sternspuren entstehen auf diese Weise. Im Bau werden diese Sedimente nach Nahrung durchsucht und an den Sandkörnchen haftende Kleinalgen abgefressen. Abgenagte Körner werden hinausgeworfen. Aus ihren Gängen flüchtende Tiere schwimmen entweder weg oder laufen sehr gewandt auf dem Boden umher; sie hinterlassen dann schmale, furchen- und perlenförmige Schleifenspuren. Nordsee, Ostsee.
– Watt

Spuren des Wattringelwurms
(*Nereis diversicolor*; s. S. 73)
Verzweigte
Kriechspuren

In der warmen Jahreszeit erkennt man auf weichen, schlickigen Böden an den Spuren die Anwesenheit und die Standorte des Wattringelwurms: Gangöffnungen von 2–3 mm Durchmesser, oft in großer Zahl; von jeder Gangöffnung aus verlaufen nach allen Seiten hirschgeweihartig verzweigte Kriechspuren. Die Spuren sind eingetieft, eingeschleimt, stabil und werden immer wieder benutzt. An den Enden der Kriechbahnen weidet der Wurm Detritus und Kieselalgen vom Sediment ab. Das Hinterende steckt dabei noch im Gang: bei Störungen kann sich der Wurm blitzschnell in seinem Gang verstecken. Die Gänge reichen 5–8 cm tief, von ihren unteren Teilen aus ziehen im Boden Gangsysteme nach allen Richtungen, bis 30 (40) cm tief. Die Würmer versuchen das System ständig offenzuhalten. Nordsee, Ostsee.
– Watt

Spuren des Rasenringelwurms
(*Pygospio elegans*; nahe
verwandt mit dem
Bohrringelwurm *Polydora*; s. S. 74)

Spuren der Meeräschen
(Dicklippige Meeräsche,
Mugil chelo,
Meeräschen, Fische)

Rasen feiner, 1 mm dicker braun-rötlicher Röhren auf sandig-schlickigen Wattböden sind die Aufenthaltsbereiche des Rasenringelwurms. Die vorne gelben, dann braunen und hinten weißen Würmer sind 10–25 mm lang und bauen ihre Wohngänge aus Schleim, Schlick und Sand bis 8 cm tief senkrecht in den Boden. Von Eisenhydroxiden stammt die rostige Farbe der Wohnanlagen. Die Rasen sind freigespülte Oberteile der Wohnröhrchen, die an den Knickstellen aufreißen; bei Überschüttungen bauen die Tiere von hier aus neu empor. In einer Schale mit nicht mehr als 3 cm Wasserüberstand läßt sich das Treiben der Tiere verfolgen: Die Tentakeln werden ausgelegt, in Schleimhäutchen verfangene Detritusteile und Sandkörner zum Mund gestrudelt, abgeleckt oder verschluckt.
– Nordsee, Ostsee.
– Watt

Meeräschen werden bis 60 cm lang (4–5 kg). Sie haben zwei kurze Rückenflossen, die erste Rückenflosse hat nur vier Stachelstrahlen. Schuppenkleid grau mit Blauschimmer, Schuppen groß. Oberlippe mit Hautwarzen und dick. Auffällig klein ist die Mundöffnung. Feine Borstenzähne in der Mundhöhle, dichte Kiemenfilter, weite Kiemenöffnungen, muskulöse Kaumägen und sehr lange Därme ermöglichen den Schwarmfischen als Nahrungsspezialisten zu leben: Gefressen werden auch Planktonorganismen, Schnecken, Kleintiere und Tange; darüber hinaus können die Meeräschen m Watt oberflächlichen Kieselalgenrasen schlürfen. Die Abbildung zeigt die Schlürfspuren: durch die Form der Unterkiefer bedingte seichte Doppelrinnen über längere Strecken. Meeräschen schmecken sehr gut.
– Im Watt bei Niedrigwasser

Entenwannen

Bis 20 cm tief. Im Schlickwatt bei Niedrigwasser fallen einzelne Vertiefungen auf. Sie ähneln Trittspuren von Riesenmenschen oder Elefanten ohne Fortsetzung: Sitzende Enten haben sich an diesen Plätzen durch Drehbewegungen in den weichen Schlick eingedrückt. Junge Herzmuscheln als Nahrung waren das Ziel der Vertiefungen.

Längliche Spuren stammen von Möwen. Sie stehen gegen den Wind auf einem Bein auf dem Wattboden. Von Zeit zu Zeit wechseln sie den Fuß, mit jedem Fußwechsel gehen sie 1–2 cm vorwärts. Ruhespuren der Silbermöwen sind 12 cm breite, wenig tiefe Spurenfolgen, die sich je nach Pausenlänge kurz bis zu einem halben Meter lang abdrücken.

– Im Schlickwatt

Spuren der Salzkäfer
(Sandsalzkäfer, *Bledius arenarius,* Kurzflügelkäfer [*Staphylinidae*], Insekten)

Sandsalzkäfer werden bis 9 mm groß. Die schwarzen, glänzenden Tiere haben kurze, rötlich durchscheinende Flügeldecken. Daß Käfer an ständig salzigen Stellen leben, ist eine Ausnahme; von 47 *Bledius*-Arten in Mitteleuropa ist nur *Bledius arenarius* ein Strandtier. Die Käfer legen im Sand Wohnröhren an und fressen Oberflächenalgen. Zur Eiablage graben die Weibchen von den bis 12 cm tiefen und 5 mm weiten Wohnröhren aus nach allen Seiten Eikammern, die in 6–7 Stockwerken übereinanderliegen. Der Aushub wird am Eingang deponiert (Abbildung). Zum Schutz der Eier vor Bodenfeuchte und Überschwemmungen werden sie in den Eikammern auf schrägen Kotsäulen abgesetzt. Drei Wochen nach der Eiablage verlassen die Larven die Wohngänge der Mütter.

– Sandstrände des Wattenmeeres; an der mittleren Hochwasserlinie

**Bohrgänge des
Bohrringelwurms**
(*Polydora ciliata;* s. S. 74)
Steine, Schalen mit Bohrlöchern

**Bohrlöcher des
Bohrschwammes**
(*Cliona celata;*
siehe S. 64)

Die Bohrlöcher des Bohrringelwurms sind kleiner als die des Bohrschwammes, ganz unregelmäßig verteilt und unterschiedlich weit. Gänge U-förmig, die Gangschenkel gehen in Torf, Sand oder Schlamm um 4 cm tief, in Muschelschalen, Kalksteinen und Kalkrotalgen 1,5–2 cm in das Substrat. Die Würmer besiedeln zwei ganz unterschiedliche Lebensräume: Im flacheren Küstenwasser und auf den Watten bohren sie ihre Gänge in Torfe und in Kleiböden von Prielhängen, im tieferen Wasser bevorzugen sie Kalksubstrate. Bewohnte Gänge sehen anders als am Spülsaum aus: Den Mündungen sind mit Detritus beklebte Schleimröhren aufgesetzt. Größere Populationen erreichen Wohndichten von 200 000 pro m². Nordsee, westliche Ostsee, Atlantik, Mittelmeer.
– Spülsaum, Torfböden

Die Tätigkeiten der lebenden Bohrschwämme sind auf S. 64 beschrieben. Die Schwämme leben in lebenden und in toten Gehäusen von Schnecken sowie in Schalen von Muscheln. An angespülten Gehäusen und Schalen erscheinen die Spuren der Bohrtätigkeit als 2–3 mm weite Löcher im Abstand von 2,5–5 mm. Die Löcher bilden immer ausstrahlende oder verzweigte Reihen. Von der Brandung angeschliffene Gehäuse, Schalen und Kalkgerölle (Mittelmeer) sehen verblüffend anders aus. In Ketten liegen die Kammern des Schwammes ganz oder teilweise offen, sammelnswerte Muster sind entstanden. Bei starkem Wachstum skelettiert der Schwamm sein Substrat bis auf ein Wabenwerk. Die andere Möglichkeit: Reihen von Perlmutthöckern an den Innenseiten von Muscheln sind Reparaturen an abgestorbenen Schwammketten. – Spülsaum, Wattenmeer

Riementang	**Eikapseln der**
Himanthalia elongata	**Wellhornschnecke**
Riementange (*Himanthaliaceae*)	(*Buccinum undatum;*
Braunalgen, Tange	s. S. 88)

1–3 m lang, 5–10 mm breit. Im Atlantik und im Ärmelkanal wachsen im Flachwasser, in Gezeitentümpeln und auf Felsen in der unteren Gezeitenzone oft gesellig die 3–5 cm hohen, festgekrallten, trichterartigen und innen hohlen Lager des Riementangs. Im Frühjahr entwickeln sich aus den Zentren der Lager rasch wachsende, gabelig verzweigte Thallusteile, die dicht mit Konzeptakeln besetzt sind. Abgerissene Stücke des fruchtbaren, reproduktiven Algenteils werden im Sommer an den Stränden der Nordseeinseln als auffällige „Keilriemenbänder" angetrieben. Am Strand verfärben sich die langen, gelbbraunen Riemen dunkel, schwarz.
– Spülsaum

Durchmesser um 20 cm. Häufig am Strand angespült und Spielbälle des Windes sind die Laichballen der Wellhornschnecken. Die Ballen bestehen aus vielen verklumpten Eikapseln. In jede am Strand meistens leere Eikapsel waren im Meer um Tausend Eier eingeschlossen. Wenige, um zehn besamte und befruchtete Eizellen entwickeln sich zu Jungschnecken. Alle anderen Eizellen der Kapseln und Ballen werden verdaut und von den Larven beziehungsweise Jungtieren wie ein Dottervorrat verwertet. Da die für Meeresschnecken typischen Veligerlarven nicht erscheinen, entfällt die gefahrenvolle Phase des Lebens im Plankton. Nordsee, westliche Ostsee, Atlantik. – Spülsaum
A Am Mittelmeer angeboten, verkauft werden 40 cm große Eiballen: Gelege von *Murex*-Arten (Brandhorn, Purpurschnecke).

58

| **Schulpe von Sepia** (Tintenfisch, *Sepia officinalis*; Zehnarmige Tintenfische [*Decabrachia*], Tintenfische) | **Leer angespülte Rocheneier** |

Schulpe 12–21 cm lang, kalkig, sie laufen hinten in einen spitzen Fortsatz aus (Rostrum). Die „Schalen" der Sepien sind von der Rückenhaut überwachsen; bei lebenden Tieren ist der Schulp zu ahnen, nicht zu sehen. Sepien laichen u.a. vor der niederländischen Küste; mit ausgestreckten Fangarmen werden sie 60 cm lang. Angespülte Schulpe: Das letzte und jüngste Septum macht auf der Schulpunterseite ein Drittel aus. Schulpe sind Spitzenleistungen sparsamer Leichtbauweise: Böden und Decken werden durch gefaltete Kalkvorhänge als Pfeiler auf Abstand gehalten (Lupe!). Wechselnde Wasser-/Stickstoff-Füllungen der Kammern ermöglichen den Sepien das Schweben. Schulpkonstruktionen zu Hause: Türen mit Kartonwaben zwischen Preßpappe mit Außenfurnier. Nordsee. – Spülsaum

Ohne Hörner jeweils 9 cm lange Eikapseln stammen von Glattrochen, 6 cm lange von Nagelrochen, 4 cm lange von Sternrochen der Nordsee. Glattrochen: Fleisch wird geräuchert und mariniert als „Seeforelle" verkauft; Nagelrochen: Fleisch und Leber werden verwertet; Sternrochen: keine wirtschaftliche Bedeutung. In den angespülten Eikapseln entwickelt sich in tieferem Wasser auf Grund je ein Ei in 4–5 Monaten zum Jungtier. Die Ecken der dunklen Rocheneier sind in hohle Spitzen ausgezogen. **A** 6 cm lange, schmale Eikapseln mit vier langen Eckfäden stammen vom Katzenhai; in der Nordsee ohne Bedeutung. **B** Vom Dornhai sind dagegen Frischfleisch als „Königsaal", marinierte Stücke als „Seeaal", geräucherte Bauchlappen als „Schillerlocken" im Handel. Nordsee. – Am Spülsaum

59

Löcher in Muschelschalen	**Sandkorallen**
I. In Herzmuschelschalen (S. 92)	*Sabellaria alveolata*
II. In Schalen von Trog-, Pfeffer- und Plattmuscheln (S. 94)	Tentakelkronenwürmer Ringelwürmer, Borstenwürmer

I. Muschellarven leben 1–4 Wochen als Plankter frei im Meer. Am Rücken der Larven scheiden Schalendrüsen eine durchgehende Schalenkappe aus. Aus der Schalenkappe oder auch direkt entstehen noch während der Planktonphase zweiklappige Larvenschalen. Beim Übergang zum Bodenleben bilden die Mantelränder das Weitere: Ligamente, Schlösser, Schalen, Zuwachsstreifen (Zonen: Conchiolin-, Prismen-, Lamellenschichten, Perlmutt). Die larvalen Schalenkappen werden in die Mantelrandschalen übernommen: erkennbar an unterschiedlichen Oberflächenstrukturen. Die Brandung zerschlägt zunächst die larvalen, weicheren Teile; es entsteht ein Loch: Foto.

II. Schalen mit Löchern (1–2 mm groß) waren keine Halskettenteile, sondern Opfer von Nabelschnecken: S. 88.
– Am Spülsaum

Würmer 30–40 cm lang, bis 4 mm breit. Die Sandkorallenwürmer bauen aus grobem Sand gerade Wohnröhren. Meist sind die Röhren bienenwabenartig zu Klötzen aneinandergefügt. Angespülte (Abbildung) und dann schon angeschliffene Bauten sind trocken erstaunlich leicht. Würmer rot, braun gefleckt. Hinterleiber ohne Borsten, bei reifen Männchen weiß, bei den Weibchen violett. Mittelkörper aus 32–37 Segmenten mit Borsten. Kopf mit gezähnten Plattborsten und Fühlern. Ausgebreitete Fühler strudeln haftenbleibende Partikel mit Wimpern zum Mund. Kot sowie Eier und Spermien befördern Flimmerbänder des Rückens aus den Röhren. Lebt auf festem Untergrund in Flachwasserbereichen der südlichen Nordsee.
– Im Angespül

Schaumballen, Schaumstreifen
und Schaumteppiche
(Schaumalge, *Phaeocystis pouchetii;*
Haptophyceae, Goldalgenverwandte)

Die Geißelalge *Phaeocystis* bildet in der Jugend runde, bis 0,5 mm große bizarre Gallertkolonien; die Einzelzellen sind winzig, um 0,007 mm (7 µm). Im Plankton der Nordsee ist die Alge häufig. Auflaufende Flut treibt Schaum vor sich her: Die Wellen zerschlagen die Kolonien und schlagen das Eiweiß zu Schaum. Unzählige der Gallertkolonien kleben unter günstigen Umständen (Wetter, Ernährung) zusammen und machen, wenn genügend dicht, das Wasser z.B. für Heringe ungenießbar; sie verstopfen nicht fliehenden Fischen und solchen, die nicht abwandern können (Fischzuchten) die Kiemenapparate. Und Fische neben anderen Tieren sterben, wenn nach Rückgang einer Algenblüte durch abbauende Bakterien Sauerstoffzehrung einsetzt. Oder es treiben teilweise meterdicke Schaumteppiche, die weit ins Meer hinausreichen, an den Strand. Seeschwal-

benküken verhungern dann, da die Eltern in den Teppichen keine Kleinfische finden. Als auffälliger „Nebeneffekt" der Überdüngung sind die Teppiche eine Warnung.

A Die Schaumalge lebt in dänischen und deutschen Küstengewässern. Eine andere „Haftfadenalge" (*Haptophyceae*), die Killeralge *Chrysochromulina polylepis,* hatte sich im Mai 1988 im Skagerrak und im Kattegat als 2–3 m dichte Schicht in der Sprungschicht so stark vermehrt (20 000 Algen in 1 ml), daß Tange, Bodentiere und Fische starben. Von Photosynthese allein leben die Killeralgen (6–12 µm groß) nicht, sie fressen bis 3 µm große Bakterien; und Bakterienzahlen sind ein Gradmesser der Überdüngung. **B** Bräunliche Teppiche von Mai bis Juli in Küstennähe (Nordsee, Skagerrak) sind abgelaichte Eier der Makrelen.

Laich von Kalmaren
(Nordischer Kalmar, *Loligo forbesi*;
Zehnarmige Tintenfische;
Mollusken)

Die Eigelege von *Loligo*-Weibchen bestehen aus farblosen, gallertartigen Schläuchen. Bis zu 50 Laichschnüre werden durch Fixationsgallerten an einer gemeinsamen Unterlage festgeheftet. Ein Totalgelege umfaßt bis 20 000 und mehr Eier. Da ein Weibchen nur 3000–6000 Eier ablegen kann, stammen Gelege meistens von mehreren Tieren. Die zunächst 10–20 cm langen Laichschnüre werden mit zunehmender Reife der Keimlinge kürzer. Anfangsgröße der Eizellen: 1,6–2,2 mm; Länge der schlüpfreifen Jungtiere: 7–8 mm. Die Entwicklungszeit beträgt fast einen Monat. Nach dem Schlüpfen (beobachten!) schweben die Jungtiere einige Zeit ohne eigene Schwimmbewegungen senkrecht im Wasser.
– Am Spülsaum

Kleine Wasserlinse
Lemna minor
Wasserlinsengewächse
Blütenpflanzen

Glieder 2–4 mm lang. Die grünen, verketteten Glieder der Wasserlinsen schwimmen an der Wasseroberfläche. Die Pflanzen sind nicht in Sprosse und Blätter differenziert; sie bestehen aus sich vegetativ vermehrenden Teilen, Gliedern, die oft in Reihen zusammenhängen. Wasserlinsen überziehen im Süßwasser windgeschützte und ruhige Altwässer, Teiche, Tümpel, Seebuchten und Gräben. Je nährstoffreicher und wärmer das Wasser ist, desto üppiger wuchern die bekannten Teppiche. An den Spülsaum des Meeres kommen die Wasserlinsen aus den Sielhäfen. Wird dort Sielwasser abgelassen oder abgepumpt, können günstige Strömungen die Wasserlinsen an den Spülsaum der Inseln ziehen. Nordsee.
– Am Spülsaum

Gallertschwamm
Halisarca dujardini
Baumfaserschwämme
Schwämme

Feigenschwamm
Suberites (Ficulina) ficus
Korkschwämme
Schwämme

Bis 10 cm groß und 5 mm hoch, dick. Der weiche, gallertartige Schwamm bildet transparente, gelbbraune Überzüge und Krusten auf Algen, Steinen, Schalen. Die Oberfläche ist glatt, glänzend, etwas schleimig. Die meistens gelappten Überzüge besitzen wenige Ausströmöffnungen. Im Inneren fehlen Nadeln völlig, Spongiolin-Fasern und -Stränge bilden das Stützwerk und Gerüst. Ungeschlechtlich vermehrt sich der Gallertschwamm durch Gemmulae (senfkerngroße Kugeln, die in Spongiolinhüllen „Archaeozyten" umschließen). Bei der geschlechtlichen Vermehrung schlüpfen aus den Eiern schwimmende Larven, die sich nach wenigen Tagen festsetzen und in Jungschwämme verwandeln. Gezeitenzone und tiefer. Nordsee (Helgoland), westliche Ostsee, Atlantik, Mittelmeer.
– Spülsaum, an Tangen und Muschelschalen

Durchmesser bis 30 cm. Schwamm grau bis schön orangerot oder gelb. Lebt von Bakterien, Kleinalgen, Detritus und kolloidal gelösten organischen Stoffen. Einen Tropfen Tusche ins Wasser: Wo verschwinden bei einem ungestörten Schwamm die Rußpartikel? Vom Flachwasser an. Von Einsiedlern bewohnte Schneckengehäuse werden zunächst überwachsen, dann löst der Schwamm die Gehäuse auf. Vorteil für den Einsiedler: nach Häutungen muß er kein neues, größeres Schneckenhaus suchen; zum Ausgleich muß der Einsiedler dafür sorgen, daß der Eingang nicht zuwuchert und die Höhle im Schwamm im Sinne der Schneckenwindungen weit bleibt beziehungsweise weiter wird. Nordsee, westliche Ostsee.
– Im Kutterbeifang

63

Bohrschwamm	**Geweihschwamm**
Cliona celata	*Chalina oculata*
Bohrschwämme	Fasernetzschwämme
Schwämme	Schwämme

Von außen sieht man vom Bohrschwamm 1–3 mm große Papillen, die separat aus dem durchbohrten Substrat ragen: goldgelb, manchmal rotorange. Im Zentrum jeder Flachpapille liegt als dunkle Stelle eine Ausströmöffnung. Alle Papillen einer Schale, einer Seepocke, eines Steines sind jeweils Teile eines einzigen Schwammes. Jungschwämme bohren unter der Oberfläche zunächst eine Kammer, dann weitere; es entsteht ein Netz aus hintereinandergereihten Kammern, die untereinander durch Poren verbunden sind. Jede Kammer erhält eine Öffnung nach außen, in den Öffnungen liegen die Papillen. Der Kalk der Substrate wird nicht weggelöst, sondern in winzigen Schüppchen abgesprengt (Phagozytose) und durch die Ausströmöffnungen weggepustet. Siehe S. 57.
– Spülsaum, in Schalen von Weichtieren; in Kalkgeröllen

Bis 30 cm hoch. Der Schwamm verzweigt sich baumartig, die Äste werden bis fingerdick. Die Konsistenz des Schwammkörpers ist zäh und elastisch. Auf der glatten Oberfläche sind die Ausströmöffnungen (Oscula) verteilt, deren Ränder etwas hochstehen. Lebende Geweihschwämme sind grünlich-gelb bis gelb gefärbt. An den Wachstumsspitzen liegen Ringe aus sehr vielen Nadeln im Gewebe, vielleicht als Fraßschutz. Vom Flachwasser- und Gezeitenbereich an. Nordseeküsten.
– Spülsaum, auf Schalen von Muscheln und Schnecken

64

Brotkrumenschwamm
Halichondria panicea
Hornfaserschwämme
Schwämme

Bis 10 cm im Durchmesser. Die sehr unregelmäßigen Umrisse hängen mit den Formen der Unterlagen zusammen. Lebende Tiere sind gelblich, rötlich, bräunlich, grüngrau, ganz unterschiedlich gefärbt. Im Leben fest und zäh. Tiere aus dem Gezeitenbereich bilden flache Krusten mit wenig hochstehenden, wenigstens 5 mm weiten Ausströmöffnungen. Formen des tieferen Wassers können mit Lappen und Kaminen bis 15 cm hoch werden. Das Spongiolinfasernetz der Brotkrumenschwämme ist sehr schwach entwickelt. Alle Kieselnadeln der Art sind gestreckt und genau im Zentrum gebogen.

Die Oberflächen antrocknender Teile werden fein netzig, trockene Stücke krümeln (Name!); zwischen den Fingern zerriebene Stückchen riechen nach Karbid.

Häufigster Schwamm im Gezeitenbereich.
Vom Flachwasser an auf Steinen, Pfählen, Muscheln, Tangen, Haftwurzeln von Laminarien. Nordsee, westliche Ostsee.
– Spülsaum, an Tangen; im Kutterbeifang

A Mit *Halichondria* verwandt ist der Tangschwamm, *Haliclona limbata:* nicht verästelt, Röhrchen bilden eiförmige und rundliche Massen bis zur Größe von Walnüssen. Schwamm knorpelig-elastisch, mit rauhen Oberflächen. Lebend rot, angespült und tot braun. Häufig in der westlichen Ostsee auf Seegräsern, Tangen (*Fucus*) und Gabelrotalgen (*Furcellaria*).
– Lebend im Flachwasser; am Spülsaum

65

Köpfchenpolyp
Tubularia larynx
Köpfchenpolypen; Polypen
Nesseltiere

Bis 70 mm hoch. Polypenkolonien: von waagerechten Basalstolonen (Röhren) knospen milchigweiße Polypenstiele unverzweigt senkrecht hoch. Stiele in Röhrchen (Periderm), die unter den roten Köpfchen enden. Zwischen den beiden Tentakelkreisen der Köpfchen sitzen Geschlechtsknospen als gestielte Ballen. Innerhalb dieser Knospen entstehen kleine Larven. Nordsee, Beltsee. Auf Algen, Schalen, Gestein, Bojen, Treibgut, Hafenmauern. – Nipptidenniedrigwasser

Stachelpolyp
Hydractinia echinata
Köpfchenpolypen; Polypen
Nesseltiere

Bis 13 mm hoch. Kolonien auf Schnekkenhäusern, wenn sie von Einsiedlern bewohnt werden. Basis der Kolonie ist eine Platte aus Stolonen, verdeckt durch eine Stachelkruste. Lebend läßt sich Arbeitsteilung durch fünf Polypenformen beobachten: Stachelpolypen mit Hauben; Wehrpolypen mit einem langen Nesselfaden; Freßpolypen mit Fangarmen; Geschlechtspolypen mit Keimballen; am Kolonienrand Spiralpolypen mit Nesselbatterien auf den Mundscheiben. Nordsee. – Im Kutterbeifang

Seemoos
Sertularia cupressina
Kelchpolypen; Polypen
Nesseltiere

Bis 45 cm hoch. Kräftige Polypenstöckchen mit verdrillter Achse. Farben: weiß, rosa, grün, braun. Polypen winzig, in Kelchen (Hydrotheken). Vom Hauptstamm zweigen stark verästelte Besen ab. Mit Schleppnetzen gesammelte Kolonien werden grün gefärbt: für Kränze, für Spieleisenbahnen als Bäumchen, für Wirtschaften, dann oft mit Immortellen dekoriert, als resistente „Dauerpflanzen". Nordsee, Ostsee. – Am Spülsaum

Blumenkohlqualle
Rhizostoma octopus
Wurzelmundquallen, Quallen
Nesseltiere

Schirmdurchmesser bis 60 cm. Der hochgewölbte, bläuliche oder milchige Schirm hat am Rande keine Tentakeln, dafür bis zu hundert kleine, violette Randlappen. Die Tiere nesseln daher nicht. Eine zentrale Mundöffnung haben die Jugendstadien; dann verwachsen die acht Mundlappen im mittleren und oberen Bereich, sie kräuseln sich sehr stark und formieren viele feine Nebenmundöffnungen (Poren). Von den Porenkanälen wird die Nahrung von Wimpern in ein weitverzweigtes Magensystem gestrudelt. Als Nahrung werden aus dem Plankton Organismen ausgeseiht und aufgenommen, die nicht größer oder länger als 0,5 mm sind. Saugkrausen der Mundarme gelblich oder violett. Mundarme unten mit 8 derben Klöppeln. Nordsee, Ostsee; im Herbst in Küstennähe und gestrandet.
– Am Spülsaum

Haarqualle, Nesselqualle,
Feuermann *Cyanea capillata*
Fahnenquallen, Quallen
Nesseltiere

Schirmdurchmesser 20–50 cm. Schirm flach, mit 32 Randlappen und acht Sinnesorganen (Rhopalien) aus Plattenaugen und Schweresinnesorganen. Schirmrand ohne Tentakeln; an der Schirmunterseite 8 Gruppen von je über 150 Tentakeln. Um den Mund 4 gekrauste, purpurne Mundarme (Fahnen). Schirmfarben hellrosa bis gelbbraun; kornblumenblau gefärbt sind die Schirme einer Farbvarietät der Nesselqualle (Blaue Nesselqualle, *Cyanea lamarckii*). Die Quallen schwimmen lebhaft, mit dem Schirm voran. In den Sommermonaten oft in ausgedehnten Schwärmen in Küstennähe; gestrandete Tiere nesseln noch stundenlang, Vorsicht. Fischfängern können durch die Quallen die Netze verstopft werden; beim Baden kann Hautkontakt rote Nesselgiftstreifen zur Folge haben. Nordsee, Nordatlantik.
– Spülsaum; Kutterbeifang

Kompaßqualle
Chrysaora hysoscella
Fahnenquallen, Quallen
Nesseltiere

Schirmdurchmesser 15–30 cm. Schirme flach, beim Schwimmen wölben sie sich halbkugelig auf. Unverkennbar auf dem weißen bis gelblichen, transparenten Schirm sind als Zeichnungsmuster sechzehn braune Winkel. Am Schirmrand acht Rhopalien mit Riechgruben und 24 lange, dicke Tentakeln. Die Tentakeln nesseln kaum, Kompaßquallen sind ganz ungefährliche Tiere. Die gekräuselten Mundarme werden etwa so lang wie der Schirmdurchmesser. Bevorzugte Nahrung aus dem Plankton sind Medusen der Stöckchenpolypen (*Hydrozoa*). Kann zwittrig sein, zuerst männlich, dann weiblich; bewimperte Planula-Larven wachsen im Eierstock heran. Hochseetiere: in Strandnähe im Sommer nicht mehr lebensfähig. Nordsee, Atlantik, Mittelmeer. – Spülsaum; nach Hochwasser in Salzwiesen

Ohrenqualle, Wassermann
Aurelia aurita
Fahnenquallen, Quallen
Nesseltiere

Schirmdurchmesser 10–40 cm. Die flachen, farblosen, glasigen Gallertschirme bestehen zu 98% aus Wasser. Durch die Schirme schimmern vier gebogene Gonaden: bei den Weibchen rotviolette Eierstöcke, bei den Männchen weiße oder orangefarbene Hoden. Im Schirm verlaufen strahlig und gegen den Rand kandelaberartig aufgezweigt Kanalsysteme des Verdauungsapparates. Am Schirmrand sehr viele kurze Hohltentakeln. Vor dem Mund vier niedrige, kraus verfaltete Mundarme. Frißt bei Gelegenheit Fische und Flohkrebse, meist Kleingetier (Schnecken-, Muschel-, Krebslarven, Ruderfußkrebse), das sich im Schleim des Schirmes verfängt, von Wimpern in acht Gruben am Schirmrand gestrudelt und dort von den Mundarmen abgeholt wird. Nesselt kaum, harmlos. Nicht im Winter. Nord-, Ostsee, Mittelmeer. – Spülsaum

Purpurrose, Seerose	**Witwenrose**
Actinia equina	*Sagartiogeton undatus*
Seeanemonen, Seerosen	Seeanemonen, Seerosen
Nesseltiere	Nesseltiere

Bis 5 cm hoch. Tagsüber sind die Seerosen meist zusammengezogen und erscheinen als glatte Klumpen in allerlei Rot-, Grün- und Brauntönen.
Karotinarme Nahrung bewirkt Ausblassen der Farben. Bis 192 spitz zulaufende, einziehbare, in sechs Kreisen gestellte Tentakeln werden in der Dämmerung und nachts ausgestreckt. Als Wegelagerer fangen die Seerosen ihre Beute: kleine Fische, Krebse, Weichtiere. Obwohl die Tentakeln stark nesseln, werden die Aktinien wiederum von Aalen, Flundern und Sonnensternen verspeist. Die Seerosen ertragen Trockenfallen, Sonne, Regen und Aussüßung des Wassers. In den Gezeitenzonen; in Mulden und Spalten fester Unterlagen. Nordsee, Mittelmeer; im Atlantik von der Arktis bis in die Tropen.
– Watt (Muschelbänke); Küstenschutzbauten

Bis 12 cm hoch. Körper glatt, ohne Saugwarzen, gelblich, rötlich, grau, braun; immer mit zarten, hellen Längsstreifen. Basen der inneren Tentakeln mit schwarzen Längsstrichen. Aufgestöberte Tiere ziehen sofort ihre bis 20 cm langen, farblosen Tentakeln ein.
Lebendes Kleingetier und Geschwebe aus organischen Stoffen dienen als Nahrung; sie werden in Schleim verpackt und von Wimpern der Tentakeln zum Mundspalt gestrudelt. Unverdauliches wird nach ganz kurzer Zeit durch den Mundschlitz wieder ausgespien. Lebt von der Gezeitenzone an bis in Tiefen von dreißig Metern auf Steinen und Schalen; häufig bohrt sich die Witwenrose in Sand und Schlamm ein und ist entsprechend schwer zu finden. Nordsee, westliche Ostsee, Atlantik, Mittelmeer.
– Watt, Sandstrände

Dickhörnige Seerose *Urticina felina (Tealia felina)* Seeanemonen, Seerosen Nesseltiere	**Seenelke** *Metridium senile* Seeanemonen, Seerosen Nesseltiere

Bis 15 cm hoch. Körper rot oder grün, sehr variabel gestreift und maskiert. Saugwarzen halten Muschelschill, Algenfetzen und Krebspanzerbruchstücke fest. Um die oft bunt gebänderten Mundscheiben stehen bis 160 blasig dicke Tentakeln, die nachts ausgestreckt, tagsüber vollständig zurückgezogen werden. Die Tentakeln nesseln stark; gelähmt, getötet und gefressen werden Würmer, Garnelen, Flohkrebse, Schnecken und Fische. Die Weibchen stoßen befruchtete Eier aus oder gebären weit entwickelte Jungtiere. Häufig in Gezeitentümpeln; da sich die Tiere tarnen, sind sie schwer zu entdecken. Nordsee, westliche Ostsee, Atlantik.
– Felswatt; Flachwasser

Bis 30 cm hoch. Seenelken sind elegante Tiere: Auf einem schlanken Körper sitzen bis zu tausend zarte Tentakeln in Büscheln dicht zusammen. Die Krone aus Tentakeln kann einen Durchmesser von 20 cm erreichen. Farben der Seenelken: weiß, gelb, hellrot, dunkelrot, braun, kobaltblau. Gefressen werden Kleintiere, die an die Tentakeln stoßen. Kann zeitweise trockenliegen und selbst einfrieren. Die Weibchen laichen im Sommer; Jungtiere kommen mit 24 Tentakeln zur Welt. Reguläre Methoden der Vermehrung sind Längsteilungen und Auswachsen von abgeschnürten Teilen. Gezeitenzone und tiefer: an Gestein, Schalen, Krebspanzern, Dämmen, Buhnen, Booten, Algen, verlassenen Sandkorallen. Nordsee, westliche Ostsee, Atlantik.
– Strände bei Nipptidenniedrigwasser

Meerhand, Tote Mannshand
Alcyonium digitatum
Lederkorallen, Weichkorallen
Nesseltiere

Stachelbeerqualle
Pleurobrachia pileus
Kugelquallen
Rippenquallen (Kammquallen)

Kolonien 15–20 cm groß. Die schauerliche deutsche Bezeichnung „Tote Mannshand" trifft die Form der fleischigen Gallertklumpen (weiß, gelb, rötlich) ziemlich. Die Klumpen enthalten in ihrem „Fleisch" (Coenosark) kleine, vielzackige Kalkgebilde; sie werden von den Magenräumen der ältesten Polypen durchzogen und schwellen in Salzwasser auf. An ungestörten Kolonien stülpen sich Mengen von Polypen aus, die gleichmäßig über die Oberfläche verteilt sind: ein Schauspiel für Geduldige. Die weißen, 6–8 mm großen Polypen haben acht gefiederte Tentakeln (*Octocorallia*, Achtstrahlige Korallen), ein 1 mm langes Schlundrohr, 6 kurze und 2 tief ins Innere ziehende Septen. Eier gelbrot, Hoden milchweiß. Die Polypen fangen Planktonkrebse ein. Von der Gezeitenzone an auf Sand, Steinen, Austern. Nordsee.
– Im Kutterbeifang

2–3 cm groß. Prächtige, glasartige Rippenquallen mit acht irisierenden Rippen aus schlagenden Flimmerplättchen. Die Rippen ziehen vom Mundfeld zum Scheitelpol (mit Statolith, an Cilien aufgehängt!). Bei gestrandeten Tieren sind in paarigen Taschen zwei bis 40 cm weit ausstreckbare Tentakeln verborgen. Die gefiederten Tentakeln fangen Plankton mit seltsam gebauten Klebzellen ein (gestielte Kolloblasten mit Leimköpfen und äußeren Wendeln, die sich von Cilien ableiten lassen). Die Tentakelbeuten werden am Mund abgestreift. Lebensraum ist das offene Meer; durch Strömungen werden die Tiere verdriftet. Am Wellensaum an den Strand gerollte Quallen verkleben mit Sand; aus den nächsten Wellenfronten geschöpfte Tiere leben vielleicht noch! Nordsee bis Mittelmeer.
– Sandstrände

71

Schuppenringelwurm
Harmothoë imbricata
Kieferwürmer ·
Ringelwürmer, Borstenwürmer

3–5 cm lang. Die Schuppenringelwürmer fallen durch 15 Paare sich deckender Schuppen (Elythren) auf. Die Flächen der Elythren sind fast glatt (feine Höckerchen verhindern das Zusammenkleben), ihre Farben variabel. Mit je einem Stielchen stehen die Elythren auf dem Rücken der Tiere und schützen die darunterliegenden Kiemen; starke Wimperströme treiben Wasser in den Kiemenraum. Erwachsene haben 37 Borstensegmente (Bauchansicht!). Am Kopf zwei spitze Taster (Palpen) und 15 Tentakelfühler (Zirren). An der Kopfunterseite ein Augenpaar. Schwanzfäden lang. Die Tiere leben als Räuber, nachts oft an der Wasseroberfläche. Gezeitenzone und tiefer; in Muschelbänken, auf Algen, im Seegras, unter Steinen. Nordsee, Ostsee, Atlantik, Mittelmeer.
– Im Wattenmeer

Meermaus, Seemaus
Aphrodita aculeata
Kieferwürmer
Ringelwürmer, Borstenwürmer

Bis um 18 cm groß. Den prachtvoll golden, grün und blau schimmernden Seitenhaaren und braunen Seitenborsten verdanken die Tiere ihren Namen; Aphrodite ist immerhin die Göttin der Liebe. Unter dem graubraunen, dicht verflochtenen Filz aus Feinborsten des Rückens verborgen stehen auf Stielen Doppelreihen von je 15 Rückenschuppen (Elythren); darunter wiederum zarte Kiemen der Segmente. Außerhalb des Wassers sind die Meermäuse bewegungsunfähig, da die seitlichen Fortsätze (Parapodien) der 39 bis 49 Körpersegmente den Leib nicht zu tragen vermögen. Räuber; sie graben mit hochgekrümmten Hinterteilen kopfunter im Sediment nach Würmern und Muscheln. Freßfeinde: größere Grundfische. Die Meermäuse leben in Weichböden (Schlick) von Prielen. Westliche Ostsee bis Mittelmeer.
– Im Kutterbeifang

72

Opalwurm	**Wattringelwurm**
Nephtys hombergi	*Nereis diversicolor*
Kieferwürmer	Kieferwürmer
Ringelwürmer, Borstenwürmer	Ringelwürmer, Borstenwürmer

10–20 cm groß. Ein Teil der gesichteten Wattringelwürmer sind nicht *Nereis diversicolor*, sondern gehören zur Gattung *Nephtys* (in der Nordsee 6 einander sehr ähnliche Arten). Charakteristisch für die Raubwürmer *Nephtys*: Körper im Querprofil quadratisch, Hinterende mit einem Schwanzfaden, opalisierende Rosafarben. Zwischen den Ästen der um 400 Ruder (Parapodien beiderseits der um 200 Segmente) sitzt jeweils ein spiralig gerollter Kiemenfaden. Kiemen rot (Hämoglobin in der Hämolymphe gelöst, nicht an Rote Blutkörperchen gebunden; wirbellose Tiere haben generell keine Erythrozyten). Die Opalwürmer sind Allesfresser; sie stöbern gewandt 5–20 cm tief im Sediment. Westliche Ostsee bis Mittelmeer.
– Wattenmeer; schlammige Kiesstrände

8–12 cm groß. Die Spuren der Wattringelwürmer sind auf S. 54 beschrieben. Schlanke Bodentiere mit 90–120 Körpersegmenten. Vorderkörper rundlich, hinterer Körperteil abgeflacht. Rücken gelblichbraun, Seiten grünlich oder rötlich gefärbt; rot schimmert und pulsiert das Rückenblutgefäß. Köpfe mit je vier Augen, zwei dicken Tastern (Palpen), paarigen Tentakelzirren und zwei Antennen. Gefressen werden Schlamm und Kieselalgen; dazu tote Garnelen, Muscheln, Algen mit großen Kiefern benagt.
Feinde: Vögel und Fische. Wie laufen und schwimmen die Tiere in einer Schale, was treiben sie im Watt? Bereits ab 4 mm Länge leben die Jungen wie die Erwachsenen. Flachwasser- und Küstenform in Sand- und Schlickböden. Ostsee bis Mittelmeer.
– Im Wattenmeer

73

Seeringelwurm	**Bohrringelwurm**
Nereis pelagica	*Polydora ciliata*
Kieferwürmer	Rüsselwürmer
Ringelwürmer, Borstenwürmer	Ringelwürmer, Borstenwürmer

3–12 cm lang. Würmer mit 80–90 Segmenten; Ruderäste der Segmente kurz, symmetrisch, obere und untere Ruderpartien (Noto- und Neuropoditen) recht gleichartig. Mögliche Farben der Tiere: gelb, braun, grün, rot, violett. Köpfe wie bei den Wattringelwürmern. Am Hinterende zwei lange Fühlerzirren. Seeringelwürmer leben von Kleingetier, das mit den beiden Kieferzangen gegriffen und im Saugmagen (Pharynx) zerdrückt wird. Larven im Plankton (0,4 mm klein); mit Kopf, vier Augen, Kiefern, Saugmagen und drei beborsteten Segmenten. Bezeichnung dieses Larventyps: Nectochaeta. Auf Sandböden und Felsen; in Muschelbänken und Wurzelkrallen von Tangen. Ostsee bis Mittelmeer.
– Watt; Felswatt, Spülsäume

2–3 cm groß. Die Bohrgänge von *Polydora ciliata* sind auf Seite 57 beschrieben. Aus den U-Gängen strecken die Würmchen ihre beiden langen und meist eingerollten Tentakeln in das Freiwasser und transportieren mit Wimpern Geschwebe, Plankton, Muschellarven und Schnekkenlarven (Veliger) zum Mund. Wieviele Segmente haben die Bohrwürmer (Lupe)? Farben der Tiere: strohfarben (hellgelb), gelb, braun; Rückenblutgefäß intensiv rot. Köpfchen mit vier Äugchen. Am fünften Segment sitzen die dicken und massiven Bohrborsten. Kiemen vom siebten Segment an; die hinteren Segmente haben nurmehr Feinstborsten und Stemmhakenborsten. Um den After ein Trichter als Analzierde. Westliche Ostsee bis Mittelmeer.
– Torfwatt, Pfähle, Muschelschalen, im Kutterbeifang

Fadenringelwurm
Heteromastus filiformis
Rüsselwürmer
Ringelwürmer, Borstenwürmer

Bei einem Durchmesser von nur 1 mm 10 cm (bis 18 cm) lang. Die Spuren der Fadenringelwürmer sind auf S. 53 beschrieben. Die Würmer sind vorne rot, hinten gelbgrünlich gefärbt.
Ohne deutlich abgesetzte Köpfe, ohne Ruder an den meisten der 100-150 Segmente, ohne Kiemen. Vorne an 5 Segmenten Haarborsten, hinten an 6 Segmenten lange Hakenborsten. Die den Schlammröhrenwürmern (*Tubifex*) ähnlichen Tiere leben in Schlick und Schlicksanden. Westliche Ostsee, Nordsee, Atlantik, Schwarzes Meer. Im Frühjahr heften die Weibchen gallertige Laichkugeln (8 mm ø) auf den Wattboden; **A** Birnenförmige Laichballen mit Stielchen (10 mm ø) im Watt stammen vom hier nicht beschriebenen Kiemenringelwurm *Scoloplos armiger* (15 cm lang; orangerot!; wandert im Boden; Substratfresser; häufig). – Watt

Wattwurm, Köderwurm
Arenicola marina
Rüsselwürmer
Ringelwürmer, Borstenwürmer

Im Watt 10–25 cm, im kalten Nordatlantikwasser bis 50 cm groß. Die Spuren der Wattwürmer, die Wahrzeichen des Watts, sind auf S. 53 beschrieben. Sechs dickere Segmente der Vorderzone haben Borstenbüschel; dreizehn Segmente der Mittelzone tragen auf dem Rücken leuchtendrote Kiemenbüschel (Lupe!); die grünliche Hinterzone macht bei Weibchen ein Drittel, bei Männchen fast die Hälfte der Gesamtlänge aus. Fortpflanzungszeit kurz, 2 Wochen Ende September/Anfang Oktober. Befruchtete Eier entwickeln sich in Muschelbänken, Kiesund *Fucus*-Zonen. Um 1 cm große Jungwürmer suchen im Frühjahr hochgelegene Wattflächen auf und beginnen wie die Erwachsenen zu hausen. Im ersten Jahr werden die Tiere 4 cm lang, im zweiten Jahr geschlechtsreif. Ostsee bis Mittelmeer.
– Wattenmeer

75

Köcherwurm	**Bäumchenröhrenwurm**
Pectinaria koreni	*Lanice conchilega*
Tentakelkronenwürmer	Tentakelkronenwürmer
Pingelwürmer, Borstenwürmer	Ringelwürmer, Borstenwürmer

Würmer 2–5 cm groß, Röhren bis 8 cm lang. Die mit Sand und Schill beklebten Köcher sind an beiden Enden öffen; oft liegen verlassene Wohnköcher in Massen auf Schlick- und Feinsandböden. Am Vorderende haben die rosafarbenen Tiere 2 Paare Fadenfühler und 2 Paare Kammkiemen; goldgelbe Schaufelborsten überragen den Kopf; viele an ihren Enden verdickte Kopftentakeln können bis 7 cm ausgestreckt werden. Die Tiere stecken kopfunter schräg im Sediment: Die Schaufeln graben Höhlen, in denen die Tentakeln Partikel abtasten und Freßbares abpipettieren (Detritus, Algen, Foraminiferen, Ciliaten, Bodencopepoden). Peristaltik saugt vom hinteren Köcherende, das kurz aus dem Boden ragt, Atemwasser ein. Durch diese Öffnung wird auch Kot und Leersand weggeräumt. Ostsee bis zum Schwarzen Meer. – Watt, Priele

Röhren 25–40 cm, Würmer 5–30 cm lang. In Sand- und Grobsandböden, an Prielrändern und in Seegraswiesen ragen bäumchenartig die Vorderenden der Röhren etwas heraus. Ausgegrabene Röhren sind 5 mm dick, zäh; Sand und Bruchschill sind durch Schleim fest verkittet. Trockene Röhren zerfallen. Um einen Wurm zu sehen, kann man eine Röhre von unten her der Länge nach auftrennen. Wurmkörper rot-gelb, Darm grünlich, Tentakeln weiß, drei Paare Kiemen blutrot: Kaum glaublich, daß so farbige und zarte Wesen in der unwirtlichen Umgebung leben. Zwischen den Ästen der Krone werden Schleimhäute und Fäden als Stellnetze aufgespannt. Lippen lecken und die Tentakeln bürsten die Netze ab. Als Stützen dienen die Äste, wenn die bis 12 cm ausdehnbaren Tentakeln den Boden der Umgebung abweiden. – Watt

76

Dreikantröhrenwurm	**Posthörnchenwurm**
Pomatoceros triqueter	*Spirorbis borealis*
Tentakelkronenwürmer	Tentakelkronenwürmer
Ringelwürmer, Borstenwürmer	Ringelwürmer, Borstenwürmer

Würmer 1,5–5 cm groß; Aragonitröhren 5–12 cm lang. Die Röhren sind schneeweiß, festgewachsen, unregelmäßig gewunden und dreikantig. Spülen von hinten bringt einen Bewohner zutage: oben rotbraun, unten weißrot; Blut grün; drei Halbkreistentakelkränze zu Fächern gestellt; Tentakeln gefiedert, fast unwirklich farbenprächtig rot, blau, weiß, gelb gebändert. Die Krone strudelt Plankton herbei. Ein Borstenstrahl des Rückens endet in einem dreikantigen Kopf; mit diesem Klöppel wird die Röhre bei Gefahr blitzschnell verschlossen. Auf Steinen, Treibholz, Muscheln, Bojen, Molen. Gezeitenzone und tiefer. In der Nordsee Felsbodenbewohner, in der Ostsee auf Algen und Seegras. Ostsee bis Mittelmeer.
– Treibgut; Muschelbänke; Hafenbauten

Durchmesser der Röhrchen 2–3 mm. Die glattwandigen Kalkröhrchen sind im Uhrzeigersinn gewunden; die Spiralen sind mit den linken Seiten auf Braunalgen, Moostieren, Polypenstöckchen, Krebsen, Steinen, Seegras, Schalen und Holz festgewachsen. Ungestörte Tiere schieben einen gestielten Verschlußdeckel (Operculum) und drei gefiederte Tentakeln aus den Röhrchen. Die Flimmern der Tentakeln filtrieren kugelige Algenformen aus dem Plankton als Nahrung heraus. Posthörnchen siedeln immer in Mengen (Großfamilien), da die Embryonen der zwittrigen Tiere später direkt neben den Eltern weiterwachsen. Spezialisten unterscheiden vier Arten anhand der Röhrchen (links- oder rechtsgewunden) und den Entwicklungsorten der Embryonen (in der Röhre oder in Gruben der Deckel). Nordsee, westliche Ostsee. – Auf Tangen, am Spülsaum

Seepocke
Semibalanus balanoides
Rankenfußkrebse
Krebse

0,5–1,5 cm Durchmesser. Larven im Plankton, Krebse festsitzend. Kalkgehäuse weißgrau, je nach Siedlungsdichte unterschiedlich kraterförmig, aus sechs gerieften Platten, mit einer ebenfalls verkalkten Grundplatte der Unterlage angeheftet. Obere Öffnung durch vier bewegliche Platten verschließbar. Zwittrig; Ovar im Stirnfortsatz, Penis ausfahrbar, wenigstens bis zum nächsten Nachbarn. Nordsee, westliche Ostsee.
– Von der Gezeitenzone an auf Steinen, Muscheln, Bojen, Schiffen, Krabben

Wurzelkrebs
Sacculina carcini
Rankenfußkrebse
Krebse

Um 1 cm groß. Parasitischer Krebs, der Strand- und Schwimmkrabben befällt.

Als gelbliche Säcke unter dem umgeschlagenen Hinterleib der Betroffenen. Säcke mit Atemöffnung; im Innern der Brutsäcke Eierstöcke, Hoden, Nerven; in der Brutsackhöhle Larven (Nauplien). Vom Sack aus umspinnen Röhren zur Nahrungsaufnahme alle inneren Organe der befallenen Krabben. Lebt drei Jahre.
– Im Kutterbeifang

Schwebegarnele
Praunus flexuosus
Spaltfußkrebse
Krebse

Bis 2,6 cm lang. Mit einem Seiher im ablaufenden Wasser leicht zu fangen sind zarte, garnelenähnliche Krebschen. Acht Arten sind in der Nordsee und in der Ostsee etwa gleich häufig (*Mysis, Praunus, Gastrosaccus* u.a.). *Praunus flexuosus* ist eine Flachwasserform. Acht doppelästige Brustbeinpaare; im Schwanzfächer zwei Schweresinnesorgane. Nachts durchsichtig, tagsüber dunkel.
– Im Wattenmeer

78

Flohkrebs
Gammarus locusta
Flohkrebse (*Amphipoda*)
Krebse

Strandfloh
Talitrus saltator
Flohkrebse (*Amphipoda*)
Krebse

Weibchen 14 mm, Männchen 20 mm groß. Baugleich mit den im Süßwasser lebenden Bach- und Flußflohkrebsen: zwei lange Antennenpaare, Facettenaugen ungestielt, kein Rückenschild, Brustsegmente 1–4 mit Greifbeinen und Brustsegmente 5–7 mit Schwimmbeinen; die kleineren Beine der sechs Hinterleibssegmente dienen als Ruder und Nachschieber (Lupe!). Lebt von Detritus, Kieselalgen u.a.; Allesfresser. Oft mit roten Seitenflecken. Schwimmt zügig mit den Schwimmbeinen; klettert (und grapscht) mit den Greifbeinen; springt, hüpft durch Hochschlagen der Hinterbeine. Lebt locker über Faulschlamm (Schwefelbakterien, H_2S-Bildung); das ertragen Meerestiere sonst nicht. Ostsee, Nordsee, Atlantik, Flußmündungen. **A** Im Nordseebereich leben acht einander ähnliche Arten.

– Spülsaum; Seegraswiesen

16 mm groß. Milchiggrau mit blauen oder braunen Flecken und Streifen. Alle vorderen Beine mit kleinen Klauen. Gestört hüpfen die Tiere weit davon, jeder Satz bringt sie bis 30 cm fort. Beim Schwimmen sinc sie auffallend unbeholfen. Tagsüber in gut verschlossenen Sandhöhlen. Bei Dämmerung und nachts suchen sie im Spülgut mit ihren beiden Antennenpaaren nach Nahrung. An Dämmen, auf Sand und zwischen Geröllen unter angeschwemmten Algenhaufen und Seegräsern. Ostsee bis Mittelmeer.
A Ebenfalls 16 mm groß; scheckig grünlich oder rötlich; ein Vorderbeinpaar mit hohen, kräftigen Greifscheren (Lupe!): Küstenhüpfer, *Orchestia gammarella*. Nordsee, Atlantik, Mittelmeer; Brackwassersümpfe.
– Spülsaum

Widderkrebschen	**Wattkrebs,** Schlickkrebs
Caprella linearis	*Corophium volutator*
Flohkrebse (*Amphipoda*)	Flohkrebse (*Amphipoda*)
Krebse	Krebse

15–30 mm groß. Kleine, aber auffällige Flohkrebse, die als Klammerer und Wegelagerer still und aufrecht sitzen, bis ein vorbeischwimmendes Beutetier blitzschnell mit den Greifscheren (Subchelae) geschnappt werden kann. Zum anderen pflücken die Tiere bedächtig Köpfchen aus den Kolonien von Stöckchenpolypen. Selten schwimmen die Widderkrebschen. Antennenpaare des Kopfes beborstet. Beine der Brustsegmente 1 und 2 als Greifscheren, der Segmente 5 bis 7 als Klammerbeine mit Klauen; die Brustsegmente 3 und 4 haben keine Beine, dafür Kiemenblättchen. Kutikula farblos; Farbanpassungen an die Umgebung erfolgen über veränderliche Farben des Blutes (Hämolymphe) nach Häutungen. Unterhalb der Gezeitenzone. Westliche Ostsee, Nordsee, Atlantik.
– Z. B. auf Moostieren aus Kutterbeifang

Weibchen 6 mm, Männchen 9 mm groß. Die Spuren der Wattkrebse und ihre Ernährung sind auf S. 54 beschrieben. Typische Bewohner von Schlick- und Sandwatten, die unter günstigen Bedingungen Siedlungsdichten von 40 000 Tieren pro m^2 erreichen. Sie stellen für Jungfische (Flundern), Garnelen und Vögel eine wichtige Nahrungsquelle dar. Tiere schlank, weiß mit braunen Zeichnungen. Das zweite, mächtige Antennenpaar ist bei den Männchen körperlang, bei den Weibchen halbkörperlang. Lebensdauer 1 Jahr. Im Winter geht ein Schenkel der Röhren (s. S. 54) bis in 20 cm Tiefe. 3–4 Würfe mit je etwa 10 Jungtieren zwischen Mai und September; Entwicklung in Bruttaschen aus Blättern der Hüften des 6. Segments. Wattenmeer und unter der Niedrigwasserlinie. Ostsee bis Atlantik.
– Watt (Lupe!)

Bohrassel
Limnoria lignorum
Asseln (*Isopoda*)
Krebse

5 mm groß. Weißliche bis bräunliche Asseln mit kleinen Augen und kurzen Antennen. Schwanzplatte groß und halbkreisförmig. Bohrt mit den Mundwerkzeugen 1 mm weite, verzweigte Gänge in Hölzer von Pfählen, Buhnen, Schiffen und in Treibholz; bohrt unter Wasser und lebt von Zellwänden, Bakterien und Pilzhyphen. In der Nordsee meist zusammen mit dem Bohrfloh (*Chelura terebrans*, Flohkrebse, 6 mm), schädlich und unbeliebt. Nordsee, Kieler Bucht, weltweit.
– Häfen, Treibholz

Meerassel
Idotea balthica
Asseln/Krebse

Weibchen bis 20 mm, Männchen bis 40 mm groß. Die Färbung der kräftigen, flinken Asseln variiert: grünlich, dunkelbraun, rosa; einfarbig, mit Binden und Flecken. Die beiden Facettenaugen stehen weit auseinander. Die Schwanzplatten enden in drei Spitzen. Lebt auf Tangen, die mit den Mandibeln angenagt werden. Krallt sich mit den spitzen Endklauen der Brustbeine fest. Nordsee, Ostsee, Atlantik, Mittelmeer.
– Am Spülsaum in Tanghaufen

Flache Meerassel, Sandassel
Jaera albifrons
Asseln/Krebse

Um 5 mm groß. Die breitovalen, platten, in allerlei Brauntönen gefleckten Sandasseln leben in Rudeln, manchmal massenhaft. Augen winzig. Die flinken Tierchen geben sich sehr geschäftig: sie fressen Oberflächendiatomeen, Algenschrott, ihre Exuvien und frisch gehäutete Artgenossen. Nordsee, westliche Ostsee, Nordatlantik (südlich bis zur Normandie).
– In Muschelbänken, Ritzen von Uferbauten, an Algen, auf Sand, in stillem Seichtwasser unter Steinen

Steingarnele, Ostseegarnele
Palaemon (Leander) adspersus
Schwimmgarnelen (*Natantia*)
Krebse

Granat, „Krabbe", Nordseegarnele
Crangon crangon
Schwimmgarnelen (*Natantia*)
Krebse

5–8 cm groß. Glasig durchsichtig, Segment- und Gliedergrenzen teils mit braunorangen Streifen. Stirnfortsatz mit 5–7 Oberrand- und 3–4 Unterrandzähnen. Vordere Beine mit kleinen Scheren (bei *Crangon* mit Greifklauen!). Weibchen werden erheblich größer als die Männchen. Nach einem Jahr, mit 4 cm Länge, sind die Weibchen laichreif. 300–2000 Eier werden einen Monat unter dem Hinterleib getragen. Larven pelagisch im Plankton, bis 8 mm Größe. In kalten Wintern geht ein Teil des Bestandes zugrunde. Fang: mit Waden und Reusen; Hauptfangplätze: Küsten der westlichen Ostsee. Schwimmt vorwärts und rückwärts gleich elegant. Allesfresser: Algen, Schlick, Weichtiere, Würmer, Mysis, Muschelkrebse, Fischbrut, Hüpferlinge. Westliche Ostsee bis Mittelmeer. – Küstenwasser

Weibchen 8 cm, Männchen 4,5 cm groß. Grundtönung milchig, Farben durch Pigmentzellen mit jeweils mehreren Farbpigmenten dem Untergrund angepaßt grau, gelb, grün, dunkel, Gewandte und schnelle nachtaktive Tiere; sie fressen Weichtiere, Flohkrebse, Algen, Detritus, Fischlaich und Köder von Angeln. Tagsüber eingegraben, nur Augen und Antennen schauen hervor. Strandkrabben, Grundfische und Vögel verzehren die „Krabben". Bei Ebbe durch die Priele 2–3 km seewärts, mit der Flut wieder auf den Wattflächen. Zwitter, die 1–2 Jahre als Männchen, dann als Weibchen fungieren; Eier 1–2 Monate unter dem Hinterleib angeheftet. 760 Tiere wiegen 100 Gramm. Fang siehe Seite 6. Sortieren, Abkochen, Ausbeinen kann man vor Ort erfahren; gefangene Weibchen enden als Konserven etc., Männchen getrocknet als Futter und Dünger. Nordsee („Costa Granata").

Einsiedlerkrebs	**Gespensterkrabbe**
Pagurus bernhardus	*Macropodia rostrata*
Einsiedlerkrebse (*Paguridae*)	Seespinnen (*Maiidae*)
Krebse	Krebse

Bis 10 cm groß. Grundfarbe graurot. Zweites Antennenpaar sehr lang; linke Schere spitz, sie ist Pinzette und Gabel; rechte Schere mit Zahnhöckern, sie ist Knackwerkzeug; zwei kräftige und zwei schmächtige Brustbeinpaare. Die Gliedmaßen des weichen, rechtsgewundenen Hinterleibs sind nur links ausgebildet und haken recht wirkungsvoll, je nach Krebsalter, in *Littorina-, Natica-* und *Buccinum-*Gehäusen fest. Die Scheren der Borstenfiltrierer (Detritus), Aasfresser und Schnapper (Würmer, Stachelhäuter, Muscheln) dienen auch als Verschluß; sie schützen vor Fischen, Taschenkrebsen und Kannibalen. Nach Häutungen werden jeweils leere, größere Schneckenhäuser frisch bezogen. Oft Untermieter: *Nereis fucata*; 1,5–8 cm, grünlich. Symbiosen siehe S. 63 und 66. Nördliches Eismeer bis Atlantik.
– Im Kutterbeifang

Leib 15–18 mm, Beine bis 60 mm lang. Stirnfortsatz (Rostrum) aus zwei zusammenliegenden Dornen mit Angelhaaren; Antenner fadendünn; Facettenaugen lang gestielt; Scherenbeinpaar muskulös; die vier Schreitbeinpaare enden mit Klauen. Farben: gelb, grün, braun. Die Krebse sind mit der Großen Seespinne (*Maia squinado*; Mittelmeer) verwandt; sie klettern mit ihren langen Beinen langsam in Algenbeständen unterhalb der Gezeitenzone umher. Die Tiere sind leicht zu übersehen, da sie sich abgerissene Algen-, Schwamm-, Moostierstückchen auf die Rückendornen spießen, sich damit maskieren. Nahrung: Mollusken, Krebse, Stachelhäuter, Algen. Zwischen Algen, Kiesen, in Felsspalten. Kieler Bucht bis Mittelmeer.
– Im Kutterbeifang

83

Strandkrabbe
Carcinus maenas
Schwimmkrabben (*Portunidae*)
Krebse

Schwimmkrabbe
Liocarcinus (Portunus) holsatus
Schwimmkrabben (*Portunidae*)
Krebse

Rückenschild (Carapax) bis 8 cm breit. Untergeschlagener Hinterleib bei Weibchen breit, bei Männchen schmal. Bewohnt die Gezeitenzone; kommt mit der Flut seitwärts laufend und springend auf die Wattflächen und wandert in Prielen mit dem Ebbestrom zurück. Viele Tiere bleiben bei Ebbe zurück, warten unter Steinen, in Buhnenritzen und im Schlick die nächste Flut ab. Im Winter im Sand vergraben. Frißt Flohkrebse, Mysis, Garnelen, Würmer, Weichtiere. Vier Larvenstadien schwimmen im Plankton. Wie kopulieren Männchen und frisch gehäutete Weibchen? Dauer der Kopulation 1–4 Tage. Man beobachte Tiere näher: Eingraben, Umdrehen, Zupacken, Flucht, Augen- und Antennenspiel, Mundwerkzeuge; Literatur zur Anatomie: s. Renner, M. (S. 8). Island bis Mittelmeer; südliche Erdhälfte.
– Watt, Ebbetümpel

Rückenschild bis 5 cm breit. Stirnrand gezackt; Panzer glatt, unbehaart, graugrün oder bräunlich. Die Tiere haben messerscharfe Scheren; Vorsicht; mit einer Hand von oben links und rechts am Carapax anpacken. Die Endglieder des Hinterbeinpaars sind zu Paddeln mit Borstensäumen verbreitert; die Tiere schwimmen damit blitzschnell schräg aufwärts, um Beute zu überfallen. Satte Tiere graben sich ein, nur die Augen und Antennen schauen heraus; die Scheren schieben etwas Sand zur Seite, so daß Atemwasser in die Kiemenöffnungen am Grunde der Scheren gelangen kann. Lebt von kleinen Mollusken, Würmern, Garnelen, Schlangensternen, Fischen, die mit den Scheren geschnappt und zerlegt werden. Rochen, Dorsche, Knurrhähne und Butte fressen die Schwimmkrabben. Nordsee, Atlantik.
– Im Kutterbeifang

84

Taschenkrebs, Knieper	**Wollhandkrabbe**
Cancer pagurus	*Eriocheir sinensis*
Bogenkrabben (*Corystoidea*)	Viereckskrabben (*Grapsidae*)
Krebse	Krebse

Rückenschild bis 20 (30) cm breit, fast doppelt so breit wie lang, am Rande beiderseits neunlappig. Farben: oben braun, rot; unten gelb, weiß; Scherenspitzen schwarz. Hauptnahrung sind neben allerlei Bodengetier Muscheln, deren Schalen mit den mächtigen Soheren zerknackt und zermalmt werden. Das Fleisch der Scherenglieder gilt als Delikatesse, Knieper werden daher in Hummerkörben mit Frischfischköder gefangen (eine Krabbe hat 100–150 g Fleisch). Larvenstadien im Plankton; geschlechtsreif mit 5–6 Jahren; ältere Tiere häuten sich nur noch in Abständen von 1–3 Jahren. Kommt mit der Flut in Küstennähe. Liebt steinige Böden, Verstecke in Strand- und Küstenbefestigungen. Im Sommer in 1–30 m, im Winter in 30–50 m Tiefe. Lofoten bis Schwarzmeer; nicht in der Ostsee.
– Im Kutterbeifang

Rückenschild 5–7,5 cm groß. Stirn- und Seitenränder des Carapax mit feinen Sägedornen. Scherenbeinpaar mit dichtem, dunklem Borstenpelzbesatz, besonders bei den Männchen. Gefressen werden Wasserpflanzen; dann Kugelmuscheln und Insektenlarven; zur Not Köder und Aasfische. Nachtaktive Tiere; tagsüber in feuchten Gängen (Kiemen!) von Hafenböschungen und Flußdämmen. Unbeliebt, da die Tiere Dämme löchern und sich in Netze von Flußfischern klammern. Heimat: Chinesische Tiefebene am Gelben Meer; seit 1912 bei uns. Lebt 4–6 Jahre; Eiablage nur im Meer, dort 4 Larvenstadien im Plankton; Jungkrabben im Meer; 2jährige Krabben (um 25 mm groß) wandern im Frühjahr ins Brack- und Süßwasser, am Tage 1–3 km weit; Alte wieder im Spätjahr in der See. – Flüsse der Ost- und Nordsee; in Sielen und Sielhäfen

85

Leere Gehäuse vom Spülsaum in Süßwasser spülen, vor Sonnenlicht geschützt trocknen lassen, mit flüssigem Bodenwachs abtupfen. Lebende Tiere in Wasser beobachten (Lupe!).

1 Schwimmschnecke
Theodoxus fluviatilis litoralis
Nixenschnecken
0,6–1 cm groß. Netzzeichnung dunkel; Deckel kalkig, rot umsäumt. Raspelt Aufwuchsalgen ab. Eikapseln 1 mm groß, mit je etwa 80 Nähreiern; ein Ei entwickelt sich. Im Brackwasser der Ostsee auf Schalen, Pflanzen, Steinen.
– Strandseen

2 Grübchenschnecke
Lacuna divaricata
Strandschnecken
1–1,4 cm groß. Schalen mit deutlichen Gewinden; neben der Mündung ein kleiner Schlitz, der Nabel. Gelbbraun. Deckel hornig. Oft mit vier braunen Spiralbändern. Frißt Seegras, Algen, Kleinalgen. Bis 20 m Tiefe.
– Ebbelinie. Gelbe Laichringe!

3 Strandschnecke
Littorina littorea
Strandschnecken
1,5–3 cm groß. Gehäuse kegelförmig. Kiemen rückgebildet, Atmung über das Dach der Mantelhöhle. Überlebt Einfrieren und Eiskristalle im Körper. Frißt Diatomeenrasen und Seepocken; Kriechspuren 7 mm breit. Eßbar. An Dämmen, Buhnen, Tangen dichtgedrängt.
– Watt; Felswatt

4 Braune Strandschnecke
Littorina saxatilis
Strandschnecken
0,6–1 cm groß, nicht größer. Form, Farben und Marmorierungen sehr unterschiedlich. Bringt Jungschnecken zur Welt. Kriecht bis 2 m über die Hochwasserlinie. Nordsee, westliche Ostsee.
– Watt; Felswatt

5 Stumpfe Strandschnecke
Littorina obtusata (mariae)
Strandschnecken
1,3 cm groß. Gehäuse kugelig, glatt, dickwandig. Rötlich, grünlich, bräunlich, durch feine Spiralstreifen skulpturiert. Besiedelt und frißt Tange. Eigelege mit gelb durchscheinenden Eiern, aus denen

Jungschnecken schlüpfen. Westliche Ostsee, Nordsee.
– Felswatt

6 Wattschnecke
Hydrobia ulvae
Wattschnecken
4–6 mm groß. Die Spuren der Wattschnecken sind auf S. 52 beschrieben. Gehäuse sehr klein, fest, weißlich, glänzend, mit 6–7 Umgängen. Deckel dünn und spiralig. Eigelege gallertig, durch eingelagerte Steinchen beschwert. Spezifische Tiere des Watts und der Quellergebiete. Ostsee bis Mittelmeer.
– Schlickwatt; Sandböden

7 Schilfschnecke
Assiminea grayana
Amphibische Schnecken
5–7 mm hoch. Glänzende, braungelbe oder rotbraune Schnecke mit Deckel. Mantelhöhle ohne Kiemen. Die Eigelege sind eine Mischung aus Eiern und Kotballen. Auf Schlick zwischen Pflanzen der grünen Außengroden. Nordsee.
– Salzwiesen

8 Turmschnecke
Turritella communis
Turmschnecken
2,5–4 cm hoch. Gehäuse rosa bis violett. 16–19 Umgänge mit 8–10 unterschiedlich starken Spiralstreifen. Deckel außen mit Borsten. In Schlammböden eingegraben; über die Kiemen wird Geschwebe als Nahrung ausfiltriert. Lofoten bis Mittelmeer.
– Spülsaum

9 Wendeltreppe
Scala (Epithonium) clathrus
Wendeltreppenschnecken
Um 3 cm hoch. Gehäuse weißlich mit braunem Fleckenband; mit senkrechten Rippen. Aktinienräuber in 15–70 m Tiefe. Zwittrig; Riesenspermien tragen die eigentlichen Spermien als Besätze. Kattegat bis Mittelmeer.
– Spülsaum

10 Seenadelschnecke
Bittium reticulatum
Gitterschnecken
10–15 mm hoch, 3 mm breit. Lilagrau. Häufig.
– Seegraswiesen; Spülsaum

1 Pantoffelschnecke
Crepidula fornicata
Hut-, Haubenschnecken
2–4,5 cm groß. Die Gehäuse machen nur anderthalb Windungen; ihre weite Mündung wird von einer kräftigen, queren Platte zur Hälfte verdeckt. Strudler, die über Kiemenblätter und Schleimbänder aus dem Atemwasser Plankton und Geschwebe abfangen. Auf alten Weibchen sitzen in Ketten weitere Tiere; die mittleren sind steril, die oberen, kleinsten, Männchen. Besamung durch umherkriechende Männchen. Eier unter den Mutterschalen. 1890 mit Austern aus den USA eingeschleppt, seit 1934 in der Deutschen Bucht. Auf Muschelbänken, Hartböden, an Prielrändern. Ostküste Nordamerikas, Nordsee, Atlantik.
– Watt; im Kutterbeifang

2 Pelikanfuß
Aporrhais pespelecani
Fechter-, Flügelschnecken
3–5 cm hoch. Junge Tiere sind turmförmig, mit dem Wachstum breitet sich um die schmale Mündung im Mundsaum mit drei bis fünf Fortsätzen und einem Siphonalkanal aus. Die Tiere sitzen als Schlickschaufler und Strudler in schlammigen und sandigen Böden. Die Gehäuse lebender Tiere sind gelblich bis rotbraun gefärbt. Kattegat bis Mittelmeer.
– Im Kutterbeifang

3 Nabelschnecke
Natica (Lunatia) catena
Nabel-, Mondschnecken
2–3 cm groß. Gehäuse rundlich, mit Nabel und halbmondförmiger Mündung. Die Deckel sind hornig. Lebt meist im Schlamm eingegraben, eine Röhre sichert den Atemwasserstrom. Räuber: Die Tiere ätzen Muschelschalen und Schneckengehäuse an, nachdem sie die Beute mit dem durch Wasseraufnahme stark schwellbaren Fuß (mit Vorfuß über dem Kopf) umfaßt haben; die Raspelzunge nagt ein Loch (s. S. 60), Rüssel und Raspelzunge schieben sich durch die Öffnung und fressen das Innere aus. In leeren Gehäusen oft Einsiedler.
– Im Kutterbeifang

4 Wellhornschnecke
Buccinum undatum
Hornschnecken
8–11 cm hoch. Gehäuse dick, rauh, mit Querwellen und Längsrillen auf den bis 8 Umgängen. Farben: blaugrau, weißlich, gelbgrau. Die Gehäuse von Tieren aus ruhigem Wasser der Tiefe sind erstaunlich dünnwandig. Riecht sehr gut und stöbert verletzte oder tote Tiere auf. Als Aasfresser zählen die Wellhornschnecken zur Gesundheitspolizei des Meeres. Der Rüssel mit Raspelzunge (Radula) kann weit ausgefahren werden und Krebspanzer oder Schnecken vollständig ausfressen. Wird als Köder verwendet und als Vorspeise offeriert. Eikapseln s. S. 58. In leeren Gehäusen leben meistens Einsiedler. Auf Hart- und Weichböden unterhalb der Gezeitenzone. Westliche Ostsee bis Atlantik.
– Im Kutterbeifang

5 Netzreusenschnecke
Nassa (Hinia) reticulata
Reusenschnecken
2–3 cm groß. Gehäuse kräftig, kegelförmig, an der Mündung eine kräftig gezähnte Außenlippe. Oberflächen mit Gittermustern; Gehäuse lebender Tiere gelb bis graubraun, angespülte Gehäuse verbleichen. Lebt eingegraben; frißt Aas, Würmer, Weichtiere, die mit Riechorganen auf der weit ausgestreckten Atemröhre erschmeckt werden. Vor ihren Feinden, Seesternen, flieht *Nassa:* Das Gehäuse wird nach vorne gekippt, die Mündung nach oben; der Fuß wird zur Seite gedreht, das Gehäuse rollt um, die Mündung nach unten. Mehrere Purzelbäume dieser Art bringen die Tiere aus dem Gefahrenbereich. Westliche Ostsee bis Schwarzes Meer.
– Im Kutterbeifang

6 Kopfschildschnecke
Retusa obtusa
Walzenschnecken
7–10 mm lang. Gehäuse walzenförmig, Mündungsschlitz sehr lang. Eine Hinterkiemerschnecke (vgl. S. 107). Schlürft Aas und Pflanzenreste, verschlingt Wattschnecken.
– Schlickwatt

88

Muscheln

Lebende Muscheln in Becken mit Schlick, Schlicksand oder Sand und Wasser entwickeln verblüffende Aktivitäten. Was machen die Tiere mit ihren Füßen, Siphos, Byssusdrüsen, Schalenmuskeln, Kiemenfiltrierapparaten?

1 Nußmuschel
Nucula nucleus
Nußmuscheln
1,2 cm groß. Schale außen gelbbraun mit grüner Außenhaut, glänzend, gegittert; innen mit Perlmuttglanz. Schloßrand mit vielen spitzen Zähnchen. Ursprüngliche Muschel (Fadenkiemer); mit großen Mundlappen wird Nahrung vom Boden aufgekehrt, Wimperrinnen strudeln Algen und Detritus zur Mundöffnung. Nordseeinseln.
– Bei Springtidenniedrigwasser an Sandstränden

2 Miesmuschel
Mytilus edulis
Miesmuscheln
6–8 cm groß. Schalen blauschwarz, gelbbraun; Form und Größe sind von Nahrungsangebot, Salzgehalt, Strömung und Platzverhältnissen abhängig. Die Ansatzstellen der beiden Schließmuskeln sind an den Schaleninnenseiten zu sehen. Sitzt mit braunen, borstigen Haftfäden (Byssus) fest, oft in ganzen Bänken. Die Fäden können mit dem Fuß durchgerissen werden. Jungmuscheln in Seegraswiesen. An Steinen, Pfählen usw. Um 100 000 Tonnen werden in Europa jährlich gegessen, in den Monaten mit „r".
Ostsee bis Mittelmeer.
– Watt; Felswatt

3 Große Miesmuschel, Pferdemuschel
Modiolus modiolus
Miesmuscheln
14 cm lang. Schalen weiß bis rosig blau, mit dunkler Außenhaut. Jüngere Tiere sind dicht behaart, ältere am Hinterende zottelig. Helgoland; bildet bei England große Bänke. Ab 5 m Tiefe.
– Felswatt; Spülsaum

4 Bohnenmuschel
Musculus marmoratus
Miesmuscheln
1,7 cm lang. Schalen strahlig gerippt, mit Zickzackflecken. Am ersten Kiemenblatt jeder Seite ein einfaches Grubenauge. An Treibholz, Schalen, Seegräsern und Algenbasen angesponnen. Kieler Bucht bis Atlantik.
– Watt; Felswatt

5 Kammuschel
Chlamys (Pecten) varia
Kammuscheln
6 cm groß. Schalen mit 25–33 Rippen, auf denen bei noch nicht in der Brandung abgeschliffenen Schalen stachelige Schüppchen sitzen. Farben unterschiedlich. Ohren ungleich groß. An den Mantelrändern ein Saum blauschwarz schimmernder Augen! Flieht schwimmend (Ohren voran) durch Zuklappen; wandert schwimmend (Mantelrand voran) durch Anpressen von Wasser aus Ohrschlitzen. Lebt unterhalb der Gezeitenzone. Nordsee bis Mittelmeer. **A** Ohren gleichgroß, an beiden Schloßseiten: Kleine Kammmuschel, *Chlamys opercularis*.
– Spülsaum

6 Auster
Ostrea edulis
Austern
8–10 cm groß. Die dünne linke Schale ist festgewachsen, die rechte Schale ist grobblättrig, weiß, ab und zu gerippt. Die Tiere leben von Plankton und Detritus. Fuß und Byssusdrüsen weitgehend reduziert. Zwittrig; männliche und weibliche Phase wechseln jährlich miteinander ab. Austernzuchtgärten: z. B. Arcachon, Sète, Seudre-Mündung, Bretagne. Deutsche Pendants gibt es nicht mehr (Überfischung, Versandung, zu kalte Winter, Seesterne und Pantoffelschnecken als Feinde). Wird roh geschlürft; schmeckt nach Meer oder Zitronensaft, je nachdem. Nordsee bis Mittelmeer.
– Spülsaum; Watt

7 Astartemuschel
Astarte elliptica;
Astartemuscheln
3 cm groß. Schalen durch 20–40 grobe, konzentrische Ringe skulpturiert. Fuß lang. Westliche Ostsee bis Nordatlantik.
– Spülsaum

8 Islandmuschel
Arctica (Cyprina) islandica
Islandmuscheln
6–10 cm groß. Schalen dick und schwer.
– Spülsaum; im Kutterbeifang

1 Linsenmuschel
Montacuta bidentata
Kommensalen-, Venusmuscheln
5 mm groß. Schalen oval, fein konzentrisch gestreift, gelbbraur; mit Schlamm verkrustet. Meist zusammen mit Schlangensternen. Lebend im Schlick hinter den Prielen als Irrgäste, die dort sterben. Auf jeder Körperseite nur ein Kiemenblatt. Zwitter; die hinteren Mantelränder verwachsen zu einem Brutraum für weit entwickelte Schwimmlarven. Westliche Ostsee, Nordsee.
– Spülsaum, im Muschelgrus

2 Kleine Herzmuschel
Cardium fasciatum
Herzmuscheln
1–1,5 cm groß. Rippen der Schalen mit Wärzchen und Spitzen. Schalen am Strand weiß, bei lebenden Tieren elegant dunkelbraun gebändert. Westliche Ostsee bis Mittelmeer. **A** Auffällig groß (5–5,5 cm), mit 19–20 schiefen Rippen und Spitzwarzen: Igelherzmuschel, *Cardium echinatum.*
– Spülsaum

3 Herzmuschel
Cerastoderma (Cardium) edule
Herzmuscheln
3–4 cm breit. Schalen meistens mit 24 Rippen. Gräbt sich nur wenige Zentimeter tief ein; zwei Siphos sorgen für Zu- und Abstrom des Wassers. Bei stärkeren Fluten oft ausgespült; nicht allen Tieren gelingt es, sich vor der nächsten Ebbe einzugraben, sie sterben; Schalen später massenhaft an den Stränden. Bei Ebbe ist keine Nahrungsaufnahme möglich. Geschlechter getrennt. Jungmuscheln leben so dicht unter der Oberfläche, daß man beim Barfußlaufen im Watt das Gefühl hat, über matschige Kirschen zu rutschen. Ostsee bis Mittelmeer. S. 60: Löcher in den Schalen.
– Watt

4 Artemismuschel
Dosinia exoleta
Venusmuscheln
5 cm groß. Schalen rund, mit feinen konzentrischen Riefen, flach, Wirbel nach vorne gebogen. Nordsee, im Atlantik sehr häufig.
– Spülsaum

5 Venusmuschel
Venus (Chamelea) gallina
Venusmuscheln
3 cm groß. Schalen schief dreieckig, abgerundet, mit ungefähr 80 Spiralreifen; radiale Farbbänder braun. Kann wie die Herzmuschel mit dem Fuß springen. Siphos sehr lang und weitgehend miteinander verwachsen. Ab 15 m Tiefe leben die Venusmuscheln in der Nordsee auf grobkörnigen Sandböden in großen Mengen (Leitform). An den Schlössern je Schale 3 Hauptzähne und ein vorderer Seitenzahn. **B** Im Mittelmeergebiet im Winter auf Fischmärkten. Nordsee (Helgoland), Nordostatlantik, Mittelmeer.
– Spülsaum

6 Kleine Teppichmuschel
Venerupis geographica (pullastra)
Venusmuscheln
5 cm lang. Schalen länglich, Wirbel weit nach hinten verschoben, Riefen spiralig. Weißlich mit roten V-Zeichnungen, Schaleninnenseiten wie bläuliches Porzellan. Nordsee bis Mittelmeer.
– Spülsaum

7 Amerikanische Bohrmuschel
Petricola pholadiformis
Steinbohrer, Engelsflügel
5–6,5 cm lang. Schalen langoval, weiß, dünn; Wirbel weit nach vorne verschoben. Das Vorderteil der Schalen ist eine zackige Rippenraspel, mit der rein mechanisch (Drehbewegungen der Schalen um den festgesaugten Fuß) Torfe, kompakte ältere Schlicke (Kleie), Holz und Tone angebohrt werden; an angespülten Schalen sind die Abnützungsspuren meist sehr deutlich zu sehen. Siphos sehr lang. **B** Seit hundert Jahren (mit Austern aus Amerika eingeführt) von der Nordsee bis zum Schwarzen Meer und an der Westküste Afrikas.
– Spülsaum

8 Strahlenkörbchen, Trogmuschel
Mactra corallina
Trogmuscheln
6 cm breit. Schalen dünn, zerbrechlich, sehr fein konzentrisch gestreift, braun bis graugrün. Lebt in 20–30 m Tiefe. Nordsee bis Mittelmeer.
– Spülsaum

1–6, Trog-, Dreiecks-, Pfeffer-, Tell- und Plattmuscheln:
– Schalenrand innen gekerbt: *Donax*
– Schalenrand innen glatt
a Unter dem Wirbel im Schloßrand ein dreieckiges vertieftes Feld für das innere Schloßband (Bandgrube)
  – Schloß ohne Seitenzähne: *Scrobicularia*
  – mit Seitenzähnen:
  bis 18 mm groß: *Abra*
  25–35 mm groß: *Spisula*
  um 60 mm groß: *Mactra*
b Schloßrand ohne Bandgrube
  – Seitenzähne fehlen: *Macoma*
  – mit Seitenzähnen: *Tellina* (8 mm) oder *Angulus* (20–30 mm)
Ernährung: Die Tiere leben im Boden eingegraben, ihre beiden Siphos sind getrennt. Die Ausströmsiphos enden mit der Bodenoberfläche; die viel längeren Einströmsiphos saugen und pipettieren Detritus und Kleinalgen der Umgebungsoberflächen ab.

1 Dreieckige Trogmuschel
Spisula subtruncata
Trogmuscheln
2,5 cm groß. Schalen weißlich bis gelblich: leere Schalen durch E-sensulfid rotbraun bis schwarz verfärbt. Schalenumriß dreieckig, Wirbel gekrümmt. Beliebte Nahrung von Plattfischen, da die Schalen nicht sehr fest sind. Häufig von *Natica* angebohrt (S. 60 und 88). In Schill-, Sand- und Schlickböden. Nordsee, Atlantik.
– Watt; Spülsaum

2 Dicke Trogmuschel
Spisula solida
Trogmuscheln
25–35 mm groß. Schalen sehr stabil, konzentrisch geschichtet, weißgelb oder fast schwarz. Ab 15 m Tiefe in Grobsanden. Plattfischnahrung. Nordsee, Atlantik.
– Spülsaum

3 Dreiecksmuschel
Donax vittatus
Dreiecks-, Koffermuscheln
3,5 cm lang. Schalen langgezogen, fein gerieft, glänzend weiß oder braun. Nordsee, Atlantik.
– Spülsaum

4 Pfeffermuschel
Scrobicularia plana
Pfeffermuscheln
4–5 cm groß. Schalen etwa oval, weißlich

oder schwarz verfärbt, sehr flach und zerbrechlich. Die Tiere leben in wassergefüllten Höhlen 10–15 cm tief im Schlick und Sand; Siphos extrem lang. **A** 10–18mm lang: Kleine Pfeffermuschel, *Abra alba.* Beide Arten: Nordsee, Atlantik, Mittelmeer.
– Watt; Spülsaum

5 Plattmuschel, Tellmuschel
Macoma baltica
Trogmuscheln
2–3 cm breit. Schalen bauchig; Zuwachsstreifen weißlich, gelblich, grünlich und rötlich. Die Tiere liegen auf der rechten Seite waagerecht 3–5 cm tief im Sand und Schlick. Häufig im Wattenmeer, nach Stürmen in Massen ausgespült. Charakterform des Schlickwatts. Ostsee bis Atlantik.
– Watt; Spülsaum

6 Plattmuschel
Angulus tenuis
Tell-, Plattmuscheln
2–2,5 cm groß. Schalen dünnwandig und hinten eckig, Farben sehr unterschiedlich: weiß, gelb, orange, rot. Wirbel etwa in der Schalenmitte. Wird von Plattfischen aufgestöbert und gefressen; Jungschollen schnappen den Tieren die Siphos ab, die im Lauf eines Monats vollständig regeneriert werden. **A** 8 mm groß, Schalen gestreckt, weiß, rosa, gelblich; Wirbel hinter der Mitte: Kleine Tellmuschel, *Tellina pygmaea.* Nordsee bis Mittelmeer.
– Watt; Spülsaum

7 Schwertmuschel
Phaxas pellucidus
Scheidenmuscheln
2,8 cm lang. Schalen gestreckt, glasig und wenig verkalkt, weiß, Außenhaut grünlich, Wirbel und Schloß in der Nähe des Hinterendes. Wichtige Nahrung für Schell- und Plattfische. Westliche Ostsee, Nordsee.
– Spülsaum

8 Scheidenmuschel,
Ensis siliqua: bis 20 cm, gerade. Ostsee – Mittelmeer. **A** *Ensis directus:* 16 cm, schwach gebogen; Nordsee.)
– Watt; Spülsaum   27. 5. 12

94

1 Felsenbohrer
Hiatella (Saxicava) arctica
Felsenklaffmuscheln
2 cm groß. Schalen weiß mit graubrauner Außenhaut, kräftig, etwa trapezförmig; Schlösser mit schwacher Hauptzähnen. Meist sind die Schalen verbogen und verformt, in Anpassung an die Wohnlöcher. Die Muscheln bohren selten eigene Löcher, sie gehen in bereits vorhandene. In Steinen, Schwämmen, Schwimmern von Fischernetzen, in leeren Muschelschalen, zwischen Haftkrallen von Tangen; die Tiere vertäuen sich mit Byssusfäden. Westliche Ostsee bis Mittelmeer.
– Spülsaum; im Kutterbeitang

2 Korbmuschel
Corbula (Aloidis) gibba
Korbmuscheln
12 mm groß. Schalen dick, Wirbel aufgeblasen. Die rechte Schale umgreift die kleinere linke. Heftet sich mit Byssusfäden fest. Siphos sehr kurz. Westliche Ostsee bis Mittelmeer.
– Spülsaum

3 Sandklaffmuschel
Mya arenaria
Klaffmuscheln
10–12 cm groß. Die Schalenklappen klaffen hinten weit auseinander; die rechte Schale ist etwas größer als die linke. Siphos zusammengewachsen, sehr muskulös, fingerdick, bis 30 cm lang. Gräbt sich 20 cm tief ein und filtert Nahrung aus dem Überflutungswasser. Der von den 2 mm großen Jungtieren einmal gewählte Ort wird kaum mehr verlassen; ältere Tiere haben Mühe, sich einzugraben. Freigespülte Siedlungen werden zu ausgedehnten Friedhöfen: Mit Schlick gefüllte Schalenklappen ragen aus dem Boden. Ostsee bis Atlantik.
– Wattenmeer: sehr häufig

4 Abgestutzte Sandklaffmuschel
Mya truncata
Klaffmuscheln
5–6 cm groß. Schalen am hinteren Ende fast senkrecht abgeschnitten. Linke Schalen mit Fortsätzen an den Wirbeln. Ostsee (salzreiches Tiefenwasser) bis Atlantik.
– Watt; Spülsaum

5 Große Bohrmuschel
Pholas dactylus
Bohrmuscheln
9 cm lang. Schalen weiß bis gelblich, vorne zugespitzt und mit strahligen Zahnreihen, hinten mit Spiralreifen. Oben zwei Längslamellen mit Quersepten. Die Tiere bohren mechanisch in Kreide, Sandstein, Holz und Torf. Die Längslamellen sind mit dem vorderen Schließmuskel so verbunden, daß bei Muskelzug die Schalen aufgehen; der hintere Schließmuskel klappt, wie üblich, die Schalen zu. Bohrgerät sind die vorderen, von Rippen gekreuzten Raspeln. Skagerrak bis Mittelmeer.
– Spülsaum

6 Rauhe Bohrmuschel
Zirfaea crispata
Bohrmuscheln
Bis 8 cm groß. Schalen weiß bis grau, vorne und hinten weit klaffend. Vorderer Schalenrand oben nach außen umgeschlagen. Vorderteil mit Stachelrippen, hintere Schalenteile glatt. Siphos verwachsen. Bohrt wie *Pholas.*
– Spülsaum

7 Weiße Bohrmuschel
Barnea candida
Bohrmuscheln
5 cm lang. Schalen dünnwandig, vorne aufgebläht, hinten abgeflacht; Rippen auf der gesamten Oberfläche. Jede Schale hat einen nach innen ragenden Fortsatz beim Wirbel. Die Tiere bohren senkrechte Löcher in Hölzer (Hafenbauten), Kreide, Torf und Tone; sie drehen sich in ihren Löchern ständig und filtrieren Plankton. Alle Bohrmuscheln scheiden leuchtende Drüsensekrete aus, die Zooplankter anlocken sollen. Westliche Ostsee bis Schwarzes Meer.
– Spülsaum

8 Pfahlwurm
Teredo nivalis
Schiffsbohr-, Pfahlmuscheln
10–20 cm lang. Seltsamste Form der Muscheln: Körper wurmförmig, Fuß völlig rückgebildet, Schalen (Abbildung!) als Bohrgerät auf den vorderen Körperabschnitt beschränkt. Lebt von Plankton und verdautem Holz (Schiffsböden z.B.). Ostsee bis Schwarzes Meer.
– Spülsaum: in Treibholz

Seerinde	Streifenmoostiere
Membranipora membranacea	*Flustra securifrons*
Membranwandmoostiere	Membranwandmoostiere
Moostiere	Moostiere

Oft großflächig auf lebenden und angespülten Tangen; am häufigsten besiedelt sind *Laminaria*-Arten. Einzelkästchen der harmlosen Strudler 0,5–1 mm lang. Die Vorderseiten der Kästchen sind unverkalkte Membranen.

Weißgrau erscheinende Kolonien leben noch, in glasigen Kästchen sind die Tierchen abgestorben. An den beiden Hinterecken der Kästchen je ein Kalkdorn. Ein Rückziehmuskel in jedem Kästchen zieht Tentakelkrone (16 Tentakeln), Hals mit Speiseröhre und After ein. Andere Muskeln dellen die Vorderwand ein: der Binnendruck steigt und läßt die Strudelorgane ausfahren. Wachstum durch Knospen; Vermehrung durch Larven, die sich nach kurzer Schwimmphase festsetzen und umwandeln. Ostsee bis Mittelmeer.

– Spülsaum; im Kutterbeifang

Lappen der Kolonien bis 20 cm lang. Im Unterschied zu der breitlappigen nächsten Art sind die Lappen der Streifenmoostiere schmal und an den Enden quer abgestutzt. Kästchen um 0,7 mm lang und 0,2 mm breit (Lupe!). Die Anzahl der dornenlosen „Zooide" einer größeren Kolonie geht in die Millionen. Tentakelkronen kreisrund; dies gilt für alle marinen Moostiere; im Unterschied dazu haben die Süßwassermoostiere zumeist hufeisenförmige Tentakelkronen. Streifen der gelbbraunen Stöcke aufrecht und biegsam. Kästchen ohne Öffnungen und Tentakelkronen stabilisieren die Ränder der Streifen. **B** In der Ostsee und Nordsee leben fast 30 Moostierarten. Nordsee, Deutsche Bucht.

– Spülsaum; im Kutterbeifang

Blättermoostiere	Gallertmoostiere
Flustra foliacea	*Alcyonidium polyoum*
Membranwandmoostiere	Gelatinemoostiere
Moostiere	Moostiere

Kolonien 15–18 cm hoch. Gabelig verzweigte Lappen bilden die Blätter der freistehenden, aufrecht wachsenden Kolonien. Die Kästchen der *Flustra*-Arten stehen Rücken an Rücken und bilden zweischichtige Lager. Eine Wand jedes Kästchens bleibt unverkalkt; durch die Öffnung dieses Wandteils fahren ungestörte Individuen ihre strudelnden Tentakelkronen aus (Lupe!). Vor den Öffnungen stehen an jedem Kästchenrand vier Dornen. Zwischen den Normaltieren sitzen einzelne Wehrtiere mit vogelschnabelartigen Deckeln (Avicularien); diese Spezialisten verhindern, daß die Kolonien überwachsen werden. Auf felsigen Untergründen, Steinen, Muschelschalen. Häufig angespült. Westliche Ostsee, Deutsche Bucht, Nordsee, Atlantik.
– Spülsaum; im Kutterbeifang

Das Moostier bildet gelatinöse, glatte Überzüge und Polster bis 10 mm Dicke auf Steinen, Schalen, Einsiedlergehäusen und Algen. Junge Kolonien sind fast durchsichtig, ältere weißlich bis graugelb. Erst in einem Becken wird sichtbar, daß die knorpeligen Gallerten voll Leben stecken: Diffizile Hydraulikmechanismen bringen die Tentakelkronen zur Entfaltung.
A 1 Oberfläche mit kleinen Höckern überzogen; nur auf *Fucus*-Arten: Rauhes Gallertmoostier, *Alcyonidium hirsutum.*
A 2 Dem Rauhen Gallertmoostier von außen sehr ähnlich, Gallerte jedoch schmutzig, mit Lehm inkrustiert; überwuchert immer Polypenstöckchen: Schmarotzendes Gallertmoostier, *Alcyonidium parasiticum.* Alle drei Arten unterhalb der Gezeitenzone in der westlichen Ostsee, Nordsee, im Atlantik.
– Im Kutterbeifang; Spülsäume

Seeigel *Echinus esculentus* Seeigel (Gruppe *Regularia*) Stachelhäuter	**Strandseeigel** *Psammechinus miliaris* Seeigel (Gruppe *Regularia*) Stachelhäuter

Schalen bis 16 cm groß, meistens erheblich kleiner. Schalen von oben gesehen drehrund, von den Seiten her konisch hochgewölbt. Das Mundfeld ist flach. Stacheln kurz und kräftig, an ihren Spitzen und Basalgelenken violettrot gefärbt. Ambulakralfüßchen fein und weit ausstreckbar.

Als Nahrung werden Kleinalgen, Algenrasen, Ringelwürmer und Seepocken von den fünf Zähnen des Zahn- und Spangenapparats hinter dem Mund zernagt. Am Rande des Mundfeldes arbeitet ständig ein Kranz von Kiemenbüscheln. Getrenntgeschlechtlich. Die Lebensdauer wird auf 4–8 Jahre geschätzt. Lebt unterhalb der Gezeitenzone; angespülte Gehäuse sind meist nicht mehr intakt. Auf felsigen Böden und an Hafenbauten. Nordsee (Helgoland), Ärmelkanal, Atlantik.

– Im Kutterbeifang

Schalendurchmesser 2,5–4,5 cm. Die Schalen der Weibchen sind von den Seiten her gesehen halbkugelig, die der Männchen oben abgeflacht. Schalen lebender Tiere grünlich, Stachelspitzen violett. Weidet Algenrasen, Seegräser und Tange ab; nagt Herzmuscheln die Schalenbänder durch, um die Muscheln ausfressen zu können.

Wie laufen Strandseeigel an Scheiben entlang, wie entfernen sie Schmutz, wie maskieren sie sich? Wie sehen die ganz unterschiedlichen Greifapparatetypen (Klapp-, Beiß-, Putz- und Gift-Zangen) aus? Schalen oft angespült: Mundfeld groß; oben sind die ehemaligen Platten um den After ausgeschlagen; auf den Höckern der Höckerreihen saßen die bewegbaren Stacheln. Zwischen Seegras und Algen; nach Stürmen lebend auf den Watten. Nordsee, westliche Ostsee.

– Im Kutterbeifang

100

Zwergseeigel	**Herzseeigel**
Echinocyamus pusillus	*Echinocardium cordatum*
Seeigel (Gruppe *Irregularia*)	Seeigel (Gruppe *Irregularia*)
Stachelhäuter	Stachelhäuter

6–10 mm groß. Schalen der kleinen Tiere flach, mit fünfstrahligen Mustern auf den Oberseiten. Jeder Strahl besteht aus zwei Doppelreihen von Poren zum Durchtritt der Ambulakralfüßchen. Schalen im Inneren mit radialen Teilungen. Auf der Unterseite liegt ein kleines Afterfeld hinter der zentralen, größeren Mundöffnung. Manchmal lebend angeschwemmte Tiere sind grünlich, die feinen Stacheln machen einen zarten Pelz aus. Die Zwergseeigel leben unterhalb der Gezeitenzonen in Kiesen und Sanden dicht unter der Sedimentoberfläche. Als Sandlecker leben sie von Kieselalgen und Sandlückenfauna. Wichtige Nahrung für Sandaale und Plattfische. Nordsee, westliche Ostsee, Atlantik, Mittelmeer.
A Verwandt sind Zwergseeigel und Sanddollars (Tropen, Subtropen).
– Spülsaum

Schalen bis 50 mm groß. Panzer grau oder violett. Die Stacheln sind so kurz, daß sie sich pelzig anfühlen. Beim Graben treten die Seitenstacheln in Aktion. Lebt in Sand- und Schlickböden von der Gezeitenzone an und tiefer. Die Tiere wohnen 15–20 cm tief in Sandhöhlen, deren Wände mit Schleim verklebt werden. Ein Kanal für Atemwasser wird durch Füßchen mit Besenenden nach oben offengehalten und ständig gereinigt. Nahrung: Detritus, Sandlückenfauna, Jungmuscheln. Wimpern der Haut um die Stacheln lenken den Abwasserstrom in blinde Gänge der Höhlen. Angespülte Schalen haben auf den Oberseiten fünf doppelte Porenreihen; eine führt auffällig als Rinne zum Vorderpol und unten weiter zum breiten Mundschlitz. Nordsee, Atlantik, Mittelmeer.
– Im Kutterbeifang; Panzer angespült

101

Sonnenstern
Solaster papposus
Seesterne
Stachelhäuter

Seestern
Asterias rubens
Seesterne
Stachelhäuter

Durchmesser bis 25 cm, meistens weniger, um 15 cm. Körperscheibe groß; mit acht bis dreizehn Armen, die kaum länger als der halbe Scheibendurchmesser sind. Farben: oben braun mit weißen Flecken, unten gelblich; oft schön gemustert. Die gesamte Oberfläche ist mit kleinen Stacheln bestückt. Hauptbeute der Räuber sind Seesterne: siehe die nächste Art. Die Weibchen bilden in einer Sexualperiode 6000 Eier von 0,8 mm Größe; bewimperte Larven ohne Mund und After setzen sich nach 19 Tagen Larvenleben im Plankton zunächst mit drei Armen, dann mit Saugscheiben fest; nach dem ersten Lebensjahr sind die Jungsonnen 3,5 cm groß. Auf Sand und Steinen, in Miesmuschel-und Austernbänken. Nordsee, westliche Ostsee, Atlantik.
– Im Kutterbeifang

6–20 cm Durchmesser. Arme rundlich, Oberfläche runzelig. Häufig sind Tiere mit vier normalen Armen und einem kürzeren Regenerat. Farben: rot, rotbraun, violett, grünlich, hellgelb, fast schwarz. Armspitzen mit roten Plattenaugen. Saugfüßchen der Armunterseiten in vier Reihen; wie drehen sich die Tiere vom Rücken auf den Bauch? Seesterne überfallen zum einen mit ausgestülpten Magenblasen Muscheln, Pantoffelschnekken, Einsiedler und Krabben während der Häutung, lädierte Fische. Zum anderen finden sich in Mägen Mengen von Kieselalgen, Foraminiferen, Gehäuseciliaten, Bodenpartikel. Larven neun Wochen im Plankton. Ostseetiere zum Teil steril (Salzgehalt). Bis in Tiefen von 200 (600) m. Nach Stürmen auf den Watten. Nordsee, westliche Ostsee, Atlantik.
– Im Kutterbeifang

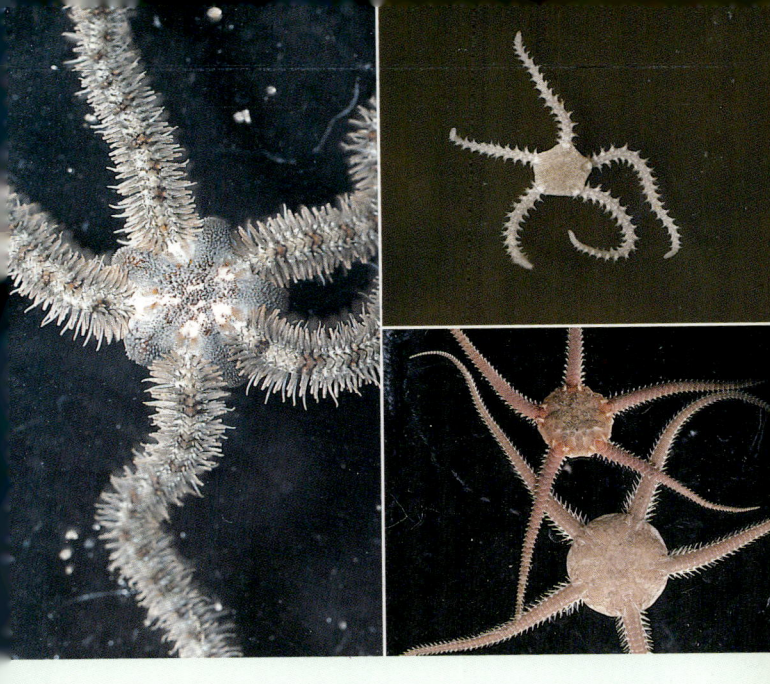

Zerbrechlicher Schlangenstern
Ophiothrix fragilis
Schlangensterne (mit
Stachelplatten)/Stachelhäuter

Scheibendurchmesser 1,5 cm, Arme
7,5 cm lang. Körperscheibe mit besta-
chelten Platten und bunt gemustert, in
allen Farben außer Blau. Die hell-dunkel
geringelten Arme haben lange, abstehende Stacheln in Siebenergruppierun-
gen. Die Arme sind sehr zerbrechlich und
werden schnell abgeworfen. Lebt von der
Flutgrenze bis in Tiefen von 100 m auf
harten Untergründen. Wandert als Wei-
degänger umher und bringt mit zahlreichen Saugfüßchen Detritus, Kieselalgen,
Planktonleichen und kleine Muscheln in
den Mund. Manchmal massenhaft und in
mehreren Teppichen übereinander. Die
Gelenke der Armwirbel gestatten nur
Bewegungen der Arme in der Horizontal-
ebene. Man beobachte lebende Tiere von
oben und von unten mit einer stärkeren Lupe: ein Erlebnis. Lofoten bis Mittelmeer.
– Im Kutterbeifang; in Muschelbänken

Schuppiger Schlangenstern
Amphipholis squamata
Schlangensterne (mit
Ziegelschuppen)/Stachelhäuter

Scheibendurchmesser 5 mm, Arme 2
cm lang. Scheibe oben grau, graubraun;
mit feinen Schuppen, die dachziegelig
übereinandergehen. Arme der zarten
Form verhältnismäßig kurz und sehr be-
weglich. Südliche Nordsee, westliche
Ostsee, Atlantik, Mittelmeer.
– Am Strand suchen (unter Steinen,
zwischen Algen); im Kutterbeifang

Gemusterter Schlangenstern
Ophiura texturata
Schlangensterne (mit
Nacktplatten)/Stachelhäuter

Scheibendurchmesser 3 cm, Arme 10 cm
lang. Scheibenplatten glatt, orange bis
dunkelrot. Armstacheln winzig, Lofoten
bis Mittelmeer. Halbgroß: *Ophiura albida*.
– Im Kutterbeifang

Seescheide
Ciona intestinalis
Seescheiden
Manteltiere

5–15 cm hoch. Tiere meist einzeln, manchmal in kleinen Gruppen. Der weiche, gallertige, dünne Mantel ist bei jüngeren Tieren fast durchsichtig, die inneren Organe schimmern zinnoberrot durch; bei älteren Tieren wird der Mantel braun und trübe. Siphos lang ausgezogen, die gelb eingefaßten Ein- und Ausströmöffnungen stehen nahe beieinander. Herz V-förmig. Die Tiere leben als Strudler, als Fein- und Grobpartikelfiltrierer; der Kiemenkorb seiht Plankton und Schwebepartikel aus. Ausgeseihtes sammelt sich im Schleim einer drüsigen Rinne (Endostyl). Auf harten und weichen Untergründen bis in Tiefen von 500 m; an Algen, Muschelschalen, Schiffen und in Häfen. Kosmopolit: in allen Meeren.
– Im Kutterbeifang

Tangbeere
Dendrodoa grossularia
Seescheiden
Manteltiere

6–25 mm groß. Einzeltiere sind mit breiter, lappiger Grundfläche angewachsen und kugelig; in Trauben zusammensitzende Tiere sind höher als breit. Farben der Mäntel: intensiv rot, fahlorange, bräunlich. Die Mäntel bestehen aus tierischer Zellulose; sie sind glatt, lederig, ohne Aufwuchs. Der Mantel umschließt Kiemenkorb, Kloake, Magen, Speiseröhre, Enddarm, Magendrüsen, Herz, Geschlechtsorgane und ein sehr kleines Gehirn. Aus- und Einströmsiphos kurz, als kleine Schornsteine; eingezogen an kreuzförmigen Schlitzen zu erkennen. Von der Gezeitenzone an auf Steinen, Schalen, Tangen, Eisenteilen. Am häufigsten ist die Art auf Rotalgen an der Ostseeküste. Nordsee, westliche Ostsee, Atlantik.
– Watt, im Kutterbeifang

Büschelkieselalge	**Roter Schnurwurm**
Amphipleura rutilans	*Lineus ruber*
Raphen auf beiden Seiten	Gruppe: Rüssel ohne Giftstilette
Kieselalgen, Diatomeen	Schnurwürmer

10–20 cm lang, Individuen um 0,1 mm groß. Im Herbst kann im Watt im Restwasser bei Ebbe eine bräunliche, wirr verästelte Alge ungemein häufig sein. Die langsam triftenden oder aufliegenden Büschel haben Ähnlichkeiten mit Braun- oder Rotalgen, gehören jedoch, mikroskopisch leicht erkennbar, zu den Kieselalgen. *Amphipleura*-Arten (Glaskieselalgen) leben im Süßwasser und im Diatomeenrasen des Watts als Individuen. In Restwassertümpeln kann *Amphipleura rutilans* beinahe Reinkulturen ausmachen. Unbekannt sind die Gründe, weshalb die Algen nicht mehr einzeln leben, sondern zu vielen Tausenden in selbstproduzierten Gallertschläuchen zusammenbleiben. In den Lagern bewegen sich die Kieselalgen bedächtig hin und her (Aktion der Raphenspalten). Nordsee, Ostsee.
– Im Watt

10–20 cm lang, 2–5 mm breit. Farben: rotbraun, grün oder dunkeloliv. Die langgestreckten, nicht segmentierten Würmer haben einen flachen Kopf mit vier bis zwölf Augen; der Kopf ist vom Rumpf abgesetzt und hat links und rechts je eine tiefe Spalte. Bei jeder Störung ziehen sich die Würmer schnell zusammen und verknäueln sich; unsanft angefaßte Tiere zerteilen sich leicht in Bruchstücke (Autotomie). Wie laufen beim Kriechen die Peristaltikwellen über den Körper? Schnurwürmer stülpen erstaunlich lange Rüssel aus, um Beute anzugreifen. Bei *Lineus* wirkt der Rüssel als Leimrute, mit der Aas, Detritus, Kleinlebewesen eingeholt werden. Unter Steinen, in Muschelbänken, in Tangwurzeln, im Seegras. Sechs Schnurwurmarten leben in der Nordsee und westlichen Ostsee.
– Im Watt

105

Quappe, Quappwurm
Echiurus echiurus
Stamm:
Igelwürmer

Käferschnecke
Lepidochitona cinerea
Käferschnecken (*Placophora*)
Weichtiere (*Mollusca*)

Mit Kopfanhang ausgestreckt 8–15 cm lang. Gereizte Tiere ziehen sich stark zusammen. Körper graugelb, Rüssel orange. Der Rüssel kann nicht eingezogen werden. Am Bauch vorne zwei goldgelbe Hakenborsten, um den After zwei Kränze aus Borsten. Leben in selbstgegrabenen U-förmigen Röhren. Die aus den Röhren gestreckten Rüssel weiden die Umgebung ab und flimmern Brauchbares aus dem Detritus zum Mund. Männchen und Weibchen gleich groß; Larven (Trochophorae) leben zunächst im Plankton, mit der Entwicklung des Hinterleibes im Sand. In der Nordsee bei Norderney, Juist, Föhr, Helgoland; in der westlichen Ostsee. Aufenthaltsorte an Kothäufchen leicht auszumachen (Taucherbrille; Ostsee). Als Angelköder zum Schollenfang verwendet.
– Im Flachwasser

1–2 cm lang. Flach, oval, mit acht feingeschuppten und verkalkten Rückenschildern. Farben der Tiere: braun, grün, rötlich, und dunkel gemustert. Peripher um die Schilder die Mantel, unter dem in Rinnen verborgen die Kiemenfiedern dicht zusammensitzen. Die Tiere weiden mit ihren Radulae (Raspelzungen) Algenbeläge ab. Die Fußsohle haftet sehr fest an Steinen, Muscheln, Buhnen. Durch sanften Druck mit dem Daumen weggeschobene Tiere rollen sich wie Asseln und Saftkugler zusammen. Nordsee, westliche Ostsee, Atlantik, Mittelmeer. **A** Zwei Käferschneckenarten leben „am Strande", Steckbrief der anderen Art, der Asselkäferschnecke (*Lepidopleurus asellus*: zweite bis siebte Schalenplatte durch unterschiedliche Körnerskulpturen in Mittelfeld und Seitenfelder geteilt.
– Wattenmeer (Muschelbänke), Felswatt

106

Sternschnecke
Acanthodoris pilosa
Nacktkiemenschnecken (*Nudibranchia*)
Hinterkiemer (*Opisthobranchia*)

3–5 cm groß. Von etlichen Nacktkiemenschnecken-Arten in der Nordsee und in der Kieler Bucht (um 15 Arten) ist die Sternschnecke eine der größeren Arten: Körper gedrungen; Riechfühler (Rhinophoren) auf dem Vorderkörper lamelliert; Rücken mit spitzen, weichen, gelbbraunen bis weißlichen Papillen; Kiemen als sieben- bis neunfiedriger Kranz um den After. Der Kiemenkranz kann eingezogen werden. Die Tiere zerraspeln als Nahrungsspezialisten Gallertmoostierchen der Gattung *Alcyonidium* (S. 99), andere Moostiere und, weniger gern, Schwämme. Auf Hartböden, Algen, Muschelschalen und Schneckenhäusern. Von der Gezeitenzone an.
– Im Kutterbeifang, in Meerwasseraquarien
Die Nacktkiemenschnecken sind entweder durch ihre unauffälligen Muster hervorragend getarnt oder grell gefärbt (Anhänge blau, gelb, rot, grün); in Meerwasseraquarien fallen die zwischen 0,7 und 8 cm großen Tiere deswegen nicht oder sofort auf. Gemeinsam ist allen Arten der Schutz vor Feinden, zum Beispiel Fischen: Bei Störungen scheidet die unglaublich drüsenreiche, einschichtige Haut stark saure Sekrete ab (pH 1–3), die die Schnecken sehr wirkungsvoll schützen. Eine Art, die Breitwarzige Fadenschnecke *Aeolidia papillosa,* frißt vor der Eiablage Seenelken (danach Algen); die Nesselkapseln der Beute werden nicht als Abwehrgeschosse verwendet, vielmehr an den Spitzen der Rückenanhänge (mit Darmausbuchtungen) nur langsam abgeschnürt, als Sonderkot.
– In Felswatten, in Aquarien

 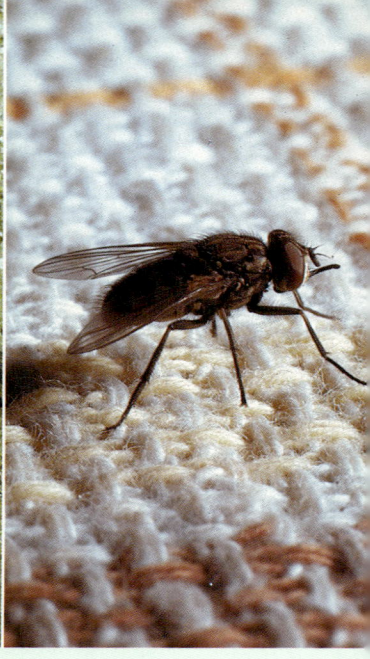

Tangfliege	**Wadenstecher**
Coelopa frigida	*Stomoxys calcitrans*
Tangfliegen (*Coelopidae*)	Stechrüsselfliegen (*Stomoxyini*)
Insekten, Fliegen	Insekten, Fliegen

7 mm groß. Am Spülsaum von Sand- und Felsstränden leben oft massenhaft Fliegen, die wieselflink entwischen und plötzlich regungslos versteckt sind; kaum fliegen die Tiere auf. Das Benehmen der Tangfliegen ist ihre Nische am Spülsaum: Der Wind verweht sie nicht und Vögel werden ihrer nicht habhaft. Die Larven, Tangfliegenmaden, zernagen faulende, verrottende Tange: Nahrung ist ständig vorhanden.
– Spülsäume
A Unmengen kohlrabenschwarzer, behaarter Mücken periodisch für kurze Zeiten sind Haarmücken, Märzmücken, der Gattung *Dilophus*. Die Mücken klammern sich lästig mit den Beinen an Handtüchern, an Strandkörben, in den Haaren fest; sie sind nur eine Plage, stechen aber nicht! Die Larven fressen Wurzeln der Strandgräser.
– Strände, Meer

8–10 mm groß. Piksende Fliegen hinter den Deichen haben nichts mit dem Meer, sondern mit Dungfladen auf den Weiden und Stallmist zu tun: In nur 2–3 Wochen entwickeln sich dort die Maden der Wadenstecher; in weiten Teilen der Welt. Die Fliegen saugen Blut (Männchen und Weibchen); ihr Fliegenrüssel ist dazu das Werkzeug durch Spezialisation: Die verlängerten, stark chitinisierten Rüsselteile enden mit zwei Halbkreissägen (Labellen). In Höfen und Ställen sitzen die Fliegen mit dem Kopf nach unten an den Wänden. Die Wadenstecher saugen an Vieh; an Menschen direkt, durch Hemden und durch Socken. Die Kotspuren der Wadenstecher sind schwarze Stippchen, ähnlich Tuschespritzern. Für uns sind Wadenstecher Widerlinge, bei Pferden übertragen sie Magenwürmer.
– Strand

Eissturmvogel	**Kormoran**
Fulmarus glacialis	*Phalacrocorax carbo*
Sturmvögel	Kormorane
Vögel	Vögel

Möwenartiges Aussehen. Länge 45 cm. Vortrefflicher Flieger, der das Segeln direkt über den Wellen perfekt beherrscht. Die Nahrung besteht aus allerlei Meerestieren und Fischabfällen. Verbreitung circumpolar, nimmt im Bestand zu und dehnt sein Brutareal aus (Helgoland: erste Brut 1972, 1988 23 Paare). Die Tiere leben die meiste Zeit auf offener See und kommen nur zum Brüten an Felsklippen. Dort wird auf nacktem Fels knapp 2 Monate lang 1 Ei bebrütet. Das Junge wird nach etwa 50tägiger Fütterung die letzten 2 Wochen alleine gelassen und muß sich von angefressenen Fettreserven ernähren, bis es flügge ist. Geschlechtsreif mit 5–9 Jahren, Lebensdauer ca. 50 Jahre. Bei Gefahr wird stinkendes Sekret ausgespuckt.

Mai – August (Jungvögel September).
– Am Brutfelsen, sonst offene See

Knapp gänsegroßer Vogel mit schwärzlichem Gefieder, schwimmt mit tief eingetauchtem Körper. Die Brutkolonien werden an Felsküsten, aber auch an großen Binnenseen errichtet.

Als ausdauernder Taucher jagt er mit seinem kräftigen Hakenschnabel hauptsächlich nach Fischen, weshalb er in Mitteleuropa beinahe ausgerottet worden wäre. Da das Gefieder nicht wasserabweisend ist, müssen die Tiere nach dem Tauchen ihre nassen Flügel an der Luft zum Trocknen ausbreiten. An der Küste halten sich nur wenige Übersommerer auf, außerhalb der Brutzeit aber an fast allen Küsten Europas anzutreffen. **A** Sehr ähnlich ist die kleinere, aber nur als sehr seltener Irrgast zu bestaunende Krähenscharbe.

September – März, seltener im Sommer.
– Steil- und Flachküsten Europas

109

Nonnengans	**Brandgans**
Branta leucopsis	*Tadorna tadorna*
Entenvögel	Entenvögel
Vögel	Vögel

Mittelgroße Gans mit weißem Gesicht, weshalb sie auch Weißwangengans genannt wird. Sie brütet im arktischen Norden von Grönland bis Sibirien an steilen Felsen, wo die Gelege vor Polarfüchsen sicher sind. Im August wandern die Familien ins Überwinterungsgebiet zwischen Ostfriesland und Holland und rasten dabei regelmäßig auf den Salzwiesen im Wattenmeer. Gefressen werden bevorzugt Queller und Gräser, aber auch auf Äckern die Wintersaat. Die Ruheplätze befinden sich abseits auf dem Watt oder auf Sandbänken. Im Frühjahr kommen die Trupps wieder aus dem Winterquartier, um sich im Watt lebenswichtige Reserven anzufressen, da im Brutgebiet, wo sie um den 20. Mai eintreffen, kaum Nahrung aufgenommen wird.
Oktober/November – April.
– Salzwiesen und Äcker

Kleine, konstrastreich gefärbte entenähnliche Gans, die ihre 9–12 Eier bevorzugt in Kaninchenbauten ausbrütet. Die Küken einiger Familien können sich zu „Kindergärten" zusammenschließen und werden dann von 1–2 „Tanten" geführt. Zur Nahrungssuche halten sich die Tiere im Sand- und Schlickwatt auf, wo durch ständiges Hin- und Herpendeln mit dem Kopf vor allem Wattschnecken und Herzmuscheln aufgenommen werden. Im August/September kommen bis zu 100 000 Tiere aus ganz Nordeurasien zum Großen Knechtsand zwischen Elb- und Wesermündung, denn hier sind die während der Vollmauser für mehrere Wochen flugunfähigen Tiere vor Fuchs und sonstigen Störungen sicher.
Ganzjährig, ab August starker Zuzug.
– Sand- und Schlickwatt

110

Eiderente	**Trauerente**
Somateria mollissima	*Melanitta nigra*
Entenvögel	Entenvögel
Vögel	Vögel

Große (60 cm) Meerente mit typisch flachem, langgestrecktem Kopfprofil, der Erpel ist unverkennbar schwarz-weiß gefärbt, das Weibchen unscheinbar braun. Gebrütet wird an den Küsten von Alaska bis Ostsibirien, in Deutschland brüten etwa 2000 Paare. Die Nester werden mit weichen Dunenfedern ausgekleidet (Eiderdaunen sind unter anderem als wärmende Schlafsackfüllung sehr geschätzt und werden mancherorts nach dem Brutgeschäft „geerntet"). Dem Lebensraum entsprechend wird nach wirbellosen Meerestieren getaucht. Ab Juni fallen die ersten Mauserzügler aus dem Norden ins Wattenmeer ein, im Herbst sind mehrere 10 000 Exemplare keine Seltenheit. Im Frühjahr ziehen die meisten Enten wieder in die nordischen Brutgebiete ab.
Ganzjährig, Juni – April zahlreich.
– Küsten der Nordsee und Ostsee

Kleiner als Stockente, das Männchen ist einfarbig schwarz, das Weibchen dunkelbraun. Brütet auf Hochmooren und Tundren im nördlichen Eurasien (Island – Sibirien), wo die Paare ab Mai eintreffen. Sofort nach Brutbeginn wandern die Erpel zum Mausern an die Küsten und ins Wattenmeer, die Weibchen folgen mit den Jungen im September nach. Die großen Mausertrupps von oft über 1000 Exemplaren halten sich meist in einiger Entfernung vor der Küste auf, wo vor allem nach Muscheln und Krebsen getaucht wird. Winterquartier wird an der Atlantikküste bis NW-Afrika bezogen, und ab Februar sind die Durchzügler wieder in großer Zahl an der Küste zu sehen. Dann sind Trauerenten sehr stark von der schleichenden Ölpest betroffen.
Juli – Dezember, Februar – Mai.
– An der Küste von Nord- und Ostsee

Mittelsäger	**Austernfischer**
Mergus serrator	*Haematopus ostralegus*
Entenvögel	Schnepfenvögel
Vögel	Vögel

Knapp stockentengroß, auffallend ist der lange schlanke Hakenschnabel, der sägeartige Randzähnchen aufweist.
Das Weibchen ist mit seinem braunen Kopf und Hals schwer vom Gänsesäger-Weibchen zu unterscheiden. Brütet an ungestörten Flachwasserzonen von Küste und Inseln im nördlichen und gemäßigten Eurasien, in Deutschland etwa 200 Brutpaare. Im Winter zahlreiche Gäste an Nord- und vor allem Ostsee, zur Zugzeit auch viele auf der Durchreise zum Mittelmeer.
Kleine Fische und Krebse werden von der Wasseroberfläche aus erspäht und in blitzschnellen Schwimmanövern und kräftigen Tauchzügen geschnappt; bemerkenswert ist die gemeinschaftliche Gruppenjagd, bei der das Opfer regelrecht eingekreist wird.
Ganzjährig, im Winter zahlreicher.
– An der Küste von Nord- und Ostsee

Mit 43 cm einer der größten Strandvögel. Auffällig sind die Trillerspiele, die durch Herumtrippeln vor dem Artgenossen mit abwärts gerichtetem Schnabel und lautem Rufen gekennzeichnet sind, sie dienen wohl der Revierabgrenzung und dem Aggressionsabbau. Bewohnt Sandstrände, Dünen und Wattwiesen an fast allen europäischen Küsten, an der Ostsee seltener. Nördliche Populationen überwintern an der westeuropäischen Küste, südliche meist im Brutgebiet. In der deutschen Bucht kommen auf 3000 Brutpaare 100 000 Durchzügler und Überwinterer. Nahrungsspezialisten mit stumpfem Schnabel zertrümmern die Muschelschalen, solche mit spitzem Schnabel drücken die Schalenhälften auseinander.
Ganzjährig.
– Sandstrand, Dünen und Wattwiesen

112

Säbelschnäbler
Recurvirostra avosetta
Schnepfenvögel
Vögel

Sandregenpfeifer
Charadrius hiaticula
Schnepfenvögel
Vögel

Etwa taubengroß, unverkennbar durch Gefiederfarbe und aufwärts gekrümmten Schnabel. Bezeichnend ist das Seitwärts-„Säbeln" im Flachwasser bei der Nahrungsaufnahme, wobei die aufgebogene Schnabelspitze dem Vogel das Eintauchen eines relativ langen Schnabelstückes auch noch in ganz flachem Wasser ermöglicht, ohne dabei tief in den Schlamm einzutauchen. Verbreitung von Europa bis zur Mongolei, mitteleuropäische Brutplätze an der Nordseeküste, wo durch intensivste Schutzmaßnahmen stabile Populationen brüten. Bevorzugter Lebensraum sind Salz- und Brackwasser mit schlammigen Ufern. Nach der Brut erfolgt Abzug ins Winterquartier an der europäischen Atlantikküste bis nach Afrika. Ab März bis November.
– Flachwasserzonen, Schlammflächen

Knapp drosselgroßer, lebhafter und kurzschnäbliger Brutvogel an den west- und nordeuropäischen Küsten sowie im gesamten nördlichen Asien. Das Winterquartier liegt je nach Herkunft in Westeuropa bis tropisches Afrika. Nistet am Strand und in Dünen, meist an vegetationslosen Stellen. Das Nest wird, wenn überhaupt, nur mit Steinchen und Muschelschalen ausgelegt und ist folglich optimal getarnt. Vorsicht, für den auf Abwegen wandelnden Strandwanderer ist es dadurch kaum auszumachen und das Zertreten der 4 Eier ist vorprogrammiert! Die Nahrung besteht aus kleinen Muscheln, Schnecken und Krebsen, die mit schnellen Schritten, unterbrochen von kurzen Pickpausen, im Sand und Schlick aufgestochert werden. März – Oktober, selten Wintergast.
– Sandige und schlammige Flächen

Kiebitz	**Knutt**
Vanellus vanellus	*Calidris canutus*
Schnepfenvögel	Schnepfenvögel
Vögel	Vögel

Etwa taubengroß mit schillerndem, schwarz-weißem Gefieder und abstehenden Kopffedern. Eigentlich typischer Vogel der Wiesen und Felder des Tieflandes und der Marschlandschaft. Sehr gut ist das charakteristische „kie-wit" zu hören. Besonders eindrucksvoll ist der akrobatische Balzflug mit Überschlag und Sturzflug. Als Nest dient eine flache Mulde in kurzer Vegetation. Die 4 Küken sind Nestflüchter, die sich bei Gefahr fest auf den Boden drücken und auf ihre Tarnfärbung vertrauen. Als Nahrung dienen kleine Bodentiere, gelegentlich wird auch pflanzliche Kost aufgenommen. Außerhalb der Brutzeit halten sich die Schwärme auf feuchten Wiesen, Mooren und in der Marschlandschaft auf.
Ab Februar bis November.
– Feuchte Wiesen, Weiden, Watt

Mit 25 cm größter der kurzbeinigen Strandläufer (größer als Alpen- und Sichelstrandläufer). Brutheimat ist die Arktis von Grönland bis Sibirien, wo das Brutgeschäft infolge des kurzen Polarsommers in aller Eile abläuft: Ankunft Ende Juni, Abflug des Weibchens bereits Ende Juli ins Wattenmeer, Männchen und Junge folgen später nach. Mehrere hunderttausend Tiere durchstöbern dann mit kurzen, geraden Schnäbeln die Spülsäume und Wattflächen nach Schalentieren, Würmern und Krebsen. Ende Oktober findet der Abzug ins Winterquartier (Westeuropa bis Südafrika!) statt. Als Durchzügler an der Ostsee seltener als an der Nordsee, wo gelegentlich sowohl Übersommerer als auch Überwinterer anzutreffen sind. Ende April – Juni, Ende Juli – Oktober.
– Sand- und Schlickflächen

Sanderling	**Alpenstrandläufer**
Calidris alba	*Calidris alpina*
Schnepfenvögel	Schnepfenvögel
Vögel	Vögel

Hell gefärbter, kleiner (18 cm lang) und sehr lebhafter Vogel, der sich vor allem an den seewärts gelegenen Sandstränden aufhält, dabei den Wellen durch schnelle Trippelschritte geschickt ausweicht und mit seinem kurzen Schnabel nach Wirbellosen stochert, aber auch angespülte Fischchen und Quallen verzehrt. Da die Tiere in der steinigen hocharktischen Tundra Sibiriens, Grönlands und Spitzbergens brüten, müssen als Anpassung an den kurzen Sommer die Jungen bereits nach 2 Wochen flügge werden. Die Winterquartiere liegen an der Nordsee und der Atlantikküste bis Portugal. In Mitteleuropa an der Nordseeküste ganzjährig zu beobachten, wobei der Höhepunkt im September liegt und sich im Sommer und Winter nur wenige Tiere zeigen. Vor allem März – Mai und Juli – Oktober.

– Sandige Strände direkt am Wasser

Unser häufigster Strandläufer ist starengroß und hat einen schwarzen Bauchschild, der im Winter fehlt. Dann gilt als bestes Merkmal der relativ lange, leicht nach unten gebogene Schnabel, der mit seinen Tastsinneszellen das „Erfühlen" von Nahrung im tieferen Schlamm ermöglicht. Brütet in Skandinavien sowie an Nord- und Ostsee. In Deutschland 50 Brutpaare in Mooren, Sümpfen und Marschen (nicht in den Alpen!). Ab Juli erfolgt Zuzug von etwa 400 000 nordischen Artgenossen, von denen die meisten in Winterquartiere an Atlantik und Mittelmeer weiterziehen. Unglaublich eindrucksvolle Flugmanöver sind zu bestaunen, wenn sich die großen Scharen plötzlich wie Rauchwolken über dem Watt erheben und dann völlig synchrone Wendemanöver vollziehen.
Vor allem März – Mai und Juli – November. – Feuchtflächen, Watt

Pfuhlschnepfe	**Großer Brachvogel**
Limosa lapponica	*Numenius arquata*
Schnepfenvögel	Schnepfenvögel
Vögel	Vögel

Großer, 38 cm langer Watvogel mit leicht aufwärts gebogenem Schnabel (die sehr ähnliche Uferschnepfe mit geradem Schnabel). Die Nistplätze liegen in der sumpfigen Tundra jenseits der Baumgrenze im nördlichsten Skandinavien und Sibirien; dort gehören die Myriaden von Insekten zur Hauptmahlzeit. Langstreckenzieher, der von Spanien bis Südafrika überwintert. Im Frühjahr und Herbst kommen regelmäßig Zehntausende ins Wattenmeer, wo auf Schlickflächen, oft bis zum Bauch im Wasser watend, nach Meerestieren gestochert wird. Aufgrund seines langen Schnabels gelangt der Vogel an Schnecken und Würmer heran, die für andere Arten nicht erreichbar sind. Somit ist Konkurrenz zwischen lang- und kurzschnäbligen Arten ausgeschlossen.
April – Juni und Juli – Oktober.
– Schlickflächen

Größter europäischer Wat- (nicht Watt-)-vogel (Länge 56 cm) mit sehr langem, abwärts gebogenem Schnabel und höchst melodischen, flötenden Trillerrufen. Der ähnliche, aber kleinere Regenbrachvogel mit deutlich gestreiftem Scheitel. Umwandlung von Grün- in Ackerland führt zu drastischem Bestandsrückgang in Mitteleuropa, da zur Brutzeit auf weiträumige Feuchtwiesen und Moorflächen angewiesen und nur zur Zugzeit ab Ende Juli bis zum Wintereinbruch Zehntausende nordischer Vögel an der Küste. Dort auf Schlammflächen und Ödländern auf der Suche nach Kleintieren, aber auch kleinen Wirbeltieren, Beeren und frischen Pflanzentrieben. Überwintern teilweise bereits an Ost- und Nordsee, sonst Atlantikküste.
Vor allem März – Mai, Juli – Dezember.
– Feuchtwiesen, Ödland, Watt

Rotschenkel	**Steinwälzer**
Tringa totanus	*Arenaria interpres*
Schnepfenvögel	Schnepfenvögel
Vögel	Vögel

Häufiger, gut drosselgroßer Vogel mit langen roten Beinen. Stimme ein schönes, lautes „djüü". Brütet in Europa vom Mittelmeer (dort fast ausgestorben) bis zur nordischen Waldgrenze. Nest mit 4 Eiern wird in Grasbüscheln versteckt. Lebensraum sind Feuchtwiesen im Binnenland und an der Küste. Die europäischen Populationen überwintern vor allem in West- und Südeuropa. In Deutschland Durchzug von März – Mai und Juli – September, dann auf der Suche nach Bodentieren und Insekten im seichten Flachwasser. Brutpopulationen einzelner Länder haben unterschiedliche Zugwege und Winterquartiere, nördliche Populationen „überspringen" die südlichen Populationen, überwintern also südlicher als diese!

Vor allem März – Mai, Juli – September. – Schlammflächen, Feuchtwiesen

Drosselgroß, kurze, orangegelbe Beine. Brütet an steinigen Küsten Skandinaviens, Sibiriens und Grönlands, die 4 Eier werden oft in Nachbarschaft von Seevogelkolonien auf nacktem Fels bebrütet. Auch hier verläßt das Weibchen, wie bei vielen Watvögeln, die Familie, bevor die Jungen flügge sind. Zieht die Küsten entlang und überwintert zum Teil bereits im Nordseebereich, sonst an der Atlantikküste bis nach Afrika. Hauptdurchzug Juli – Oktober und April – Juni, viele übersommern auch in den Durchzugsgebieten. Hält sich im Watt, an Spülsäumen und steinigen Küstenabschnitten auf, wo Schalen, Steinchen und Tangbüschel mit dem kurzen, kräftigen Schnabel nach Eßbarem umgedreht werden.

Ganzjährig, zur Zugzeit zunehmend. – Watt, Kies-, Felsstrand, Spülsaum

117

Dreizehenmöwe	**Lachmöwe**
Rissa tridactyla	*Larus ridibundus*
Möwenvögel	Möwenvögel
Vögel	Vögel

Mittelgroße Hochseemöwe (Länge 40 cm), die nur zum Brüten an Land geht. Teilweise riesige Brutkolonien an steilen Felsküsten von der Hocharktis bis Portugal, Nester mit 2 Eiern auf winzigen Felsvorsprüngen. Die Küken sind, im Gegensatz zu anderen Möwen, zweckmäßigerweise Nesthocker und werden von den Alten lange behütet. Nordatlantische Populationen überwintern von Oktober – April auf dem Atlantik und Nord-, seltener Ostsee und Mittelmeer. Jungmöwen entfernen sich sehr weit vom Geburtsort. Dreizehenmöwen folgen oft Schwarmfischen, die entweder von der Wasseroberfläche oder stoßtauchend erbeutet werden. Derzeit Bestandszunahme und Arealausdehnung (Helgoland: 1938 3 Paare, 1988 2000 Paare).
April – September, sonst offene See.
– Brutfelsen, Hochsee

Eine der häufigsten, auch aus dem Binnenland bekannte kleinere Möwe (Länge 38 cm), im Brutkleid schwarzbraune Kopfmaske, sonst nur schwarzer Ohrfleck. Brutkolonien bis mehrere tausend Paare (lautes Geschrei!) an verlandenden Seen und Küstenvorländern, durch abnehmende Binnenbrutmöglichkeiten wird diese Art an der Küste immer häufiger. Bestandslenkungen sind aber ökologisch unsinnig und außerdem schwer durchführbar. Außerhalb der Brutzeit an fast allen Gewässern. Überwintert teilweise in Groß- und Hafenstädten. Der Winterbestand in Mitteleuropa besteht überwiegend aus Nord- und Osteuropäern, heimische Vögel überwintern in Südwesteuropa. Nahrung außerordentlich vielseitig, auch Abfall- und Aasfresser.
Ganzjährig.
– Strand, Vorland, Häfen

Sturmmöwe	**Silbermöwe**
Larus canus	*Larus argentatus*
Möwenvögel	Möwenvögel
Vögel	Vögel

Größer als Lachmöwe. Brütet an Küsten und Inseln aller Art im gesamten Eurasien (Europa $1/2$ Million Paare), an der Ostsee viel häufiger als an der Nordsee. Teilweise sehr große Brutkolonien, meidet aber Vorländer. Alle nennenswerten deutschen Bestände befinden sich in Schutzgebieten, trotzdem sind die Populationsentwicklungen zum Teil wieder rückläufig und vielerorts durch menschlich verursachte Schwankungen gekennzeichnet. Mitteleuropäische Brüter ziehen ab Juli großteils die Küste entlang ans Mittelmeer, an Nord- und Ostsee überwintern vor allem die nordeuropäischen Brutvögel. Im Frühjahr und Herbst sind bestellte Äcker, im Winter Mülllkippen magische Anziehungspunkte.
Ganzjährig, zur Zugzeit zahlreicher.
– Watt, Strände, Äcker, Mülldeponien

Häufigster Seevogel, Länge 54–60 cm, mit rotem Punkt am Schnabel. An Küsten aller Art. In Europa 1,5 Millionen Paare; an der Nordsee viel häufiger als an der Ostsee. Felsklippen, Städte und Inseln sind die hauptsächlichen Standorte der Kolonien. Brutplätze werden im zeitigen Frühjahr besetzt und im Juli wieder verlassen. In Nestnähe werden Störenfriede mit heftigen Attacken vertrieben. Bis zum 5. Lebensjahr unausgefärbte „Jugendkleider", dann Artbestimmung schwierig. Früher galten Möweneier als Delikatesse, heute infolge Schadstoffbelastung meist ungenießbar. Silbermöwen sind Allesfresser und häufige Gäste auf Müllkippen; Magenanalysen brachten selbst Kaugummis, Butterbrotpapier und Zigarettenstummel zutage.
Ganzjährig.
– Überall im Küstenbereich

Mantelmöwe	**Küstenseeschwalbe**
Larus marinus	*Sterna paradisaea*
Möwenvöge	Möwenvögel, Seeschwalben
Vögel	Vögel

Größte Möwe unserer Küste (Länge 69 cm), Heringsmöwe ebenfals mit schwarzem Rücken, jedoch kleiner. Brütet in kleinen Kolonien an felsigen Küsten Nord- und Westeuropas, jedoch nicht an Nord- und Ostsee, dort aber zu allen Jahreszeiten Gastvogel. Im Winter Zuzug aus Skandinavien. Jungtiere verbringen ihre ersten Lebensjahre fern der Heimat und kehren erst mit 4–5 Jahren zum Brüten zurück. Im Winter ebenfalls an Müllkippen, Häfen und in Küstenstädten, Nahrung entsprechend vielfältig: von Muscheln bis Jungvögel, in Brutkolonien gefürchteter Nesträuber. Im Winter hoher Anteil an Abfällen, in Mägen helgoländischer „Gäste" machte Nahrung menschlichen Ursprungs (Fischereiabfall, Hausmüll usw.) über 70% aus.
Ganzjährig, im Winter Zuzug.
– Strände, vorgelagerte Inseln

Länge 38 cm. Weltrekordler im Langstreckenzug: brütet bis in die hohe Arktis und zieht, keinesfalls auf dem kürzesten Weg, ins Winterquartier nach Südafrika, Chile und in die Antarktis, legt somit 20 000 km und mehr pro Jahr zurück. Die in der Bundesrepublik bedrohte Art brütet an sandigen und kiesigen Stränden, meist auf vorgelagerten Inseln. Zur Hochzeit überreicht der Bräutigam der Braut einen Fisch, der, dem Nahrungserwerb entsprechend, im Stoßtauchen erbeutet wurde. Die Kolonie kann in der Gründungsphase bei Störung wieder aufgelöst werden; sie gleicht zur Brutzeit einem Hexenkessel und wird gegen Feinde aufs heftigste verteidigt (mit dem Schnabel werden mühelos blutende Kopfwunden zugefügt).
Anfang Mai – Ende Juli – Oktober.
– Flach- und Wattküste, Halligen

Trottellumme	**Sumpfohreule**
Uria aalge	*Asio flammeus*
Alken	Eulenvögel
Vögel	Vögel

Länge 38 cm. Meeresvogel, der nur zum Brüten an steile Felsklippen der nordatlantischen Küsten kommt (Helgoland mit derzeit 2000 Paaren). Nach der Brut zerstreuen sich die Tiere wieder auf der offenen See. Nichtbrüter zu allen Jahreszeiten an Nord- und Ostseeküste. Taucht geschickt nach Fischen, guter Schwimmer. Das einzige Ei wird in schmaler Felsnische auf nacktem Fels in dichtem Gedränge bebrütet, seine kreiselförmige Form verhindert das Hinabkullern. Die Jungen sind extreme Nesthocker, verlassen aber noch vor dem Flüggewerden, von den Alten gelockt, mit waghalsigem Sprung den Fels und entschwinden unverletzt aufs Meer. Im Winter fordert die schleichende Ölpest viele Todesopfer unter den Lummen.
Mai– Juli.
– Steile Felsen, offene See

Länge 38 cm. Riesiges Verbreitungsgebiet, jedoch in Mitteleuropa selten und unregelmäßig vorkommend. Brütet in den norddeutschen Moor- und Sumpfgebieten sowie auf einigen wenigen Nordseeinseln. Das Bodennest enthält bis zu 10 Eier und wird energisch gegen Fuchs, Greifvogel und Mensch verteidigt. Die Nesthäkchen überleben nur bei guter Nahrungsversorgung, in schlechten Mäusejahren kann die Brut aber auch ganz ausfallen. Wie die Waldohreule, die rein nachtaktiv ist, mit Federohren. Als Durchzügler und Wintergast regelmäßig an der Küste. Dort gelegentlich auch bei Tag zu beobachten, wenn sie in niedrigem Schaukelflug offenes Gelände, Felder und Dünenketten auf der Jagd nach Wühlmäusen durchstreift.
März/April – September.
– Felder, Äcker und Dünen

Kegelrobbe	**Seehund**
Halichoerus grypus	*Phoca vitulina*
Raubtiere	Raubtiere
Säugetiere	Säugetiere

Weibchen 1,8–2,2 m, Männchen 2,1–2,3 m lang; Gewicht 125–290 kg. Die Kegelrobben leben in kleinen Rudeln an Geröllküsten und Felsküsten mit Klippen in der nördlichen Ostsee, im Nordatlantik, in Irland. Von dort aus wandern einzelne Tiere in die westliche Ostsee, in die Deutsche Bucht, zur Bretagne und Normandie. Gegenüber dem kleineren und rundköpfigen Seehund haben die Kegelrobben gestreckte und kegelförmige Schnauzen. Die Fleckung des Felles ist sehr variabel. Die scheuen Robben ruhen bei Ebbe und Sonnenuntergang. Sie können bis 22 Minuten lang tauchen. Gelegentlich zu sehen (Fernglas).

A Kleine „Seehunde" (1,1–1,5 m) mit Fleckenringen und Netzmustern sind Ringelrobben (*Pusa hispida*), die vom arktischen Nordmeer südwärts wandern; sie folgen Fischschwärmen.

Männchen 1,4–2 m groß und bis 100 kg schwer, Weibchen etwas kleiner und leichter. Grauweiß bis graugelb behaart, stark gefleckt. Streckt vor dem Untertauchen nur den Kopf und nicht den Rücken aus dem Wasser. Schwimmt und taucht sehr gut und schnell; Tauchdauer durchschnittlich 7–10 Minuten. Unter Wasser suchen sie mit ihren weißen Schnurrhaaren neben Garnelen hauptsächlich Küstenfische. An Lande in kleinen Rudeln; auf Sandbänken bewegen sie sich unbeholfen, sie robben mit den Vorderflossen. Die Hinterbeinflossen sind Hauptantrieb beim Schwimmen, zum Laufen werden sie nie benutzt. Seehunde bewohnen unsere Wattenmeere; in der Arktis leben sie nur an im Winter eisfreien Küsten.

Die Jungen werden im Mai und Juni geboren; die Mütter bringen je ein Baby mit 8 kg zur Welt; gesäugt wird an Land einen

122

Monat lang; durch fettreiche Milch sind die Kleinen dann 25 kg schwer. Nach der Stillzeit kümmern sich die Mütter nicht mehr um den Nachwuchs; die Jungen sind auf eigene Beute angewiesen und magern zunächst um ein Drittel ab. Verwaiste Seehundkinder (Heuler) sollte man auf keinen Fall anfassen und beunruhigen; über die Polizei können die gestrandeten Waisen den „Heuler-Stationen" gemeldet werden und in die richtigen Hände kommen.

Heute stehen die Seehunde unter Naturschutz und werden nicht mehr aus Sport oder Rache für Fischfrevel beim Haarwechsel geschossen; bis 1958 wurden vor der deutschen Nordseeküste mehr Seehunde abgeschossen, als überhaupt dasein konnten (3000): alles Neuzuwanderer aus dem Norden! Nach den letzten Zählungen wird der Seehundbestand im Wattenmeer auf rund 2500 Tiere geschätzt. Und die Tiere sind rundum gefährdet:

– Seehunde sind scheue Wesen, ihre Fluchtdistanz beträgt 300–500 m.

Diese Entfernung halten Ausflugsschiffe meist nicht ein, auf Wunsch der Gäste. Schiffe, rüstige Strandwanderer, Privatflugzeuge und Düsenjäger stören die Mütter beim Stillen; die Babies werden nicht fett genug und schürfen sich beim unruhigen Herumrobben die Näbel wund; sie sind todgeweiht.

– Ausgefischte Zonen nehmen den Seehunden die Nahrungsquellen, sie müssen abwandern.

– Die Befrachtung der Nordsee mit Schadstoffen: Lebergifte (über die Fische u.s.w. aufgenommen) belasten die Seehunde so stark, daß ihr Immunsystem nicht mehr die Morbelliviren (Hundestaupe, Masern), übertragen wohl von sibirischen Wölfen und Zugvögeln, Herr wird. 18 000 Seehunde starben 1988 im Skagerrak/Nordseebereich an Staupe und, im Endstadium, an Lungenentzündung.

„Erst stirbt der Seehund, dann der Mensch", heißt es an der Nordsee!

123

Allgemeine Literatur

ABRAHAMSE, J. (Herausgeber): Watten-meer. Ein Naturraum der Niederlande, Deutschlands und Dänemarks. Wach-holtz Verlag Neumünster 1976

AICHELE, D.: Was blüht denn da? Kosmos-Naturführer; Franckh'sche Verlagshandlung Stuttgart 1989

AICHELE, D., H. W. SCHWEGLER: Unsere Gräser. Kosmos-Naturführer; Franckh'-sche Verlagshandlung Stuttgart 1988

BRUUN, B./H. DELIN/L. SVENSSON: Der Kosmos-Vogelführer. Franckh'sche Verlagshandlung Stuttgart 1990

CAMPBELL, A. C.: Der Kosmos-Strand-führer. Franckh'sche Verlagshandlung Stuttgart 1987

DIRCKSEN, R.: Die Grüne Insel Spieker-oog. Maximilian-Verlag Herford 1979

GESSNER, F.: Meer und Strand. VEB Berlin 1940

JANKE, K. und B. P. KREMER: Düne, Strand und Wattenmeer. Franckh'sche Verlagshandlung Stuttgart 1988

JANKE, K./B. P. KREMER: Das Watt; Lebensraum Tiere und Pflanzen. Führer zu den Nationalparken. Franckh'sche Verlagshandlung Stuttgart 1990

PETERSON, R. T./G. MOUNTFORT/P. A. D. HOLLOM: Die Vögel Mitteleuropas. Verlag Paul Parey, Hamburg und Berlin 1985

REINECK, H. E.: Das Watt. Verlag von Waldemar Kramer; Frankfurt 1982

Register

Abra alba 94
Acanthodoris pilosa 107
Ackergänsedistel 14
Actinia equina 69
Aeolidia papillosa 107
Agropyron junceum 36
Alcyonidium hirsutum 99
– parasiticum 99
– polyoum 99
Alcyonium digitatum 71
Aloidis gibba 96
Alpenstrandläufer 115
Ammophila arenaria 34
Amphipholis squamata 103
Amphipleura rutilans 105
Andelgras 36
Angulus tenuis 94
Aphrodita aculeata 72
Aporrhais pespelecani 88
Arctica islandica 90
Arenaria interpres 117
Arenicola marina 53, 75
Armeria maritima 18
Artemisia maritima 14
– salina 14
Artemismuschel 92

Ascophyllum nodosum 44
Asio flammeus 121
Asselkäferschnecke 106
Assiminea grayana 86
Astarte elliptica 90
Astartemuschel 90
Aster tripolium 15
Asterias rubens 102
Atriplex hastata 23
– littoralis 24
Augentrost 17
Aurelia aurita 68
Auster 90
Austernfischer 112

Bäumchenröhrenwurm 76
Barnea candida 96
Bastardgras 35
Besenheide 20
Beta maritima 25
Binsenquecke 36
Bittium reticulatum 86
Blasentang 43
Blättermoostiere 99
Blidingia minima 38
Blumenkohlqualle 67

Bohnenmuschel 90
Bohrassel 81
Bohrfloh 81
Bohrmuschel, Amerikanische 92
–, Große 96
–, Rauhe 96
–, Weiße 96
Bohrringelwurm 57, 74
Bohrschwamm 57, 64
Borstenhaar 39
Brachvogel, Großer 116
Brandgans 110
Branta leucopsis 110
Brassica oleracea 31
Brotkrumenschwamm 65
Buccinum undatum 88
Büschelkieselalge 105

Cakile maritima 31
Calidris alba 115
– alpina 115
– canutus 114
Calluna vulgaris 20
Cancer pagurus 85
Caprella linearis 80
Carcinus maenas 84
Cardium echinatum 92

126

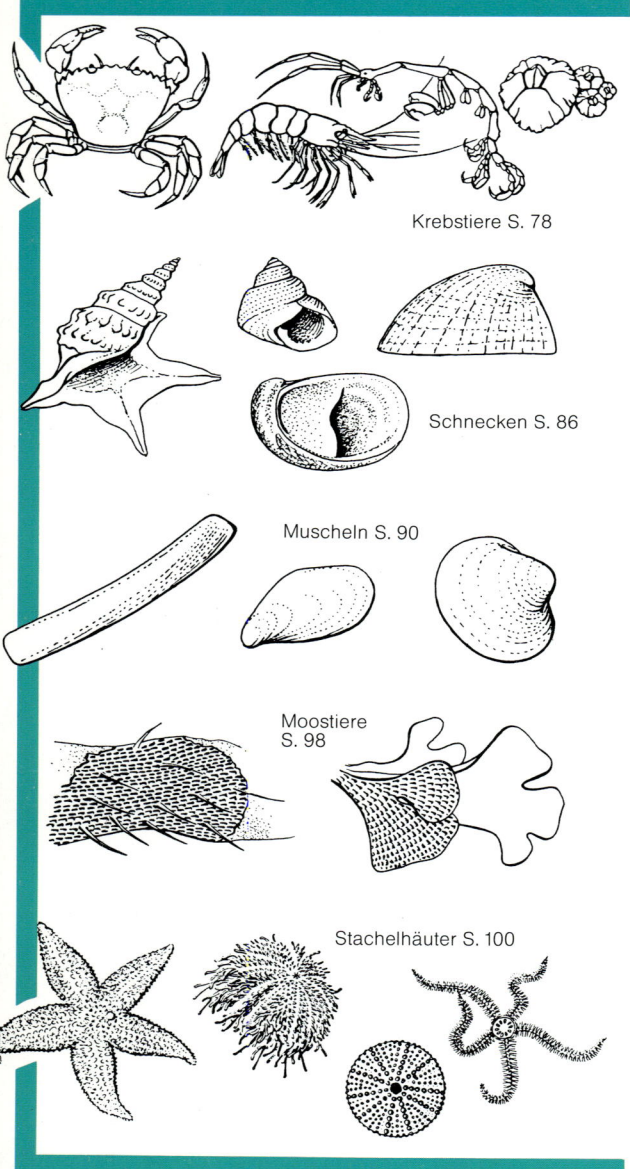

Krebstiere S. 78

Schnecken S. 86

Muscheln S. 90

Moostiere S. 98

Stachelhäuter S. 100